医療法人会計

入門

増田 正志 著

税務経理協会

は じ め に

　日本は国民皆保険制度が広く適用されて，世界的にも高く評価されています。一方で，近年のガン治療のための抗がん剤を始め，予想を超える高額な新薬が続々と登場していることはマスコミに報道されているところです。その効果の評価が進み，相次いで保険収載されて健康保険が適用され，患者負担はその薬価に比べて極めて軽い負担となっていますが，その結果として健康保険の負担は年々増加し，皆保険制度の維持に相当額の国費が投入されています。

　また医療機関においても，先進各国と比較すると人口に対する過多な病床数と医師の不足が言われています。併せて，多くの医療機関の経営も難しい現状に立ち至っており，特に公的医療機関では公費を投入して経営を支えています。政府の「働き方改革」の掛け声の中で，医療の現場は棚上げにされ，厳しい労働環境下で充実した医療サービスの提供に汗を流しています。

　一方，医療会計の分野では，病院の設置団体の違いによって適用される会計基準が異なり，特に医療法人においては長い間確たる基準がないまま時が経過し，医療法人が準拠すべき会計基準の制定に先行して，平成16年に施設会計として「病院会計準則」が規定されました。多くの医療法人ではこの病院会計準則を参照しつつ，企業会計も考慮しながら計算書類を作成してきた例が多いかと思います。長い検討期間を経て「医療法人会計基準」が制定されたのです。

　本書は，「医療法人会計基準」が実務に定着することを期待し，より平易に解説することを旨として執筆したものです。医療法人の経理担当者の方，コ・メディカルの方，財務管理に携わる役職者の方，そして金融機関その他の利害関係者の方々にとって，医療法人の計算書類の理解の一助になりましたら望外の喜びです。

　令和2年3月

　　　　　　　　　　　　　　　　　　　　　　　　　　　増 田 正 志

略 称 一 覧

本書で用いた規則等の略称は次のとおりです。

医療法	医療法（昭和 23 年 7 月 30 日法律第 205 号）
施行令	医療法施行令（昭和 23 年 10 月 27 日政令第 326 号）
施行規則	医療法施行規則（昭和 23 年 11 月 5 日厚生省令第 50 号）
基準	医療法人会計基準（生 28 年 4 月 20 日厚生労働省令第 95 号）
運用指針	医療法人会計基準適用上の留意事項並びに財産目録，純資産変動計算書及び附属明細表の作成方法に関する運用指針（平成 28 年 4 月 20 日医政発 0420 第 5 号）
計算に関する事項	医療法人の計算に関する事項について（平成 28 年 4 月 20 日医政発 0420 第 7 号）
会計基準について	医療法人会計基準について（平成 26 年 3 月 19 日医政発 0319 第 7 号
検討報告書	医療法人会計基準に関する検討報告書（平成 26 年 2 月 26 日四病院団体協議会会計基準策定小委員会）
医政協 Q & A	医療法人会計基準について（Q & A）（平成 30 年 3 月 30 日厚生労働省医政局医療経営支援課事務連絡）
CPA 協会 Q & A	医療法人会計基準に関する実務上の Q & A（2019 年 3 月 19 日非営利法人委員会研究資料第 7 号）
様式チェックリスト	医療法人会計基準に基づく計算書類等の様式等に関するチェックリスト（2019 年 4 月 18 日非営利法人委員会研究報告第 38 号）
監査上の取扱い	医療法人の計算書類に関する監査上の取扱い及び監査報告書の文例（2019 年 7 月 18 日非営利法人委員会研究報告第 39 号）
準則	病院会計準則の改正について（医政発第 0819001 号平成 16 年 8 月 19 日）
Q & A	医療法人会計基準について（Q & A）（厚生労働省医政局医療経営支援課事務連絡平成 30 年 3 月 30 日）

CONTENTS

第4章　損　益　計　算　書

第5章　注記について

第6章 財産目録

第7章 附属明細表

第8章 純資産変動計算書

第9章 個別論点と実務上の対応

第10章　病院会計準則との調整

〈付　　録〉

第1章
医療法人会計の意義

　医療法人制度が発足したのは昭和25年まで遡ります。以来多くの病院と診療所，その他の医療関係施設を設置・運営してきました。国民皆保険制度の下で我が国の医療を支えてきた，謂わば主役を担ってきました。数度の医療法の改正を受けて，非営利を前提とした社団法人又は財団法人という制度の下で厳しい経営環境の中で社会的に大きな役割を担っています。そのような組織が遵守すべき会計基準が長く制定されてこなかったことで，医療法人の経営に対して比較可能性を有する的確な資料が用意されてきませんでした。この状況を打開するために，平成28年にようやくやっと会計基準が制定されたのです。医療法人の現状と会計基準の生成について説明しています。

1-1 医療法人会計基準の制定までの経緯

1. 会計基準の必要性

　全国には設置母体の異なる病院施設が多く存在し，その病院の財政状態及び運営状況を表すべき計算書類に関する会計基準も様々なものがあります。その概要を示してみましょう。

```
学校法人の附属病院　　　　　　……学校法人会計基準
独立行政法人・国立研究開発法人　……独立行政法人会計基準
（国立病院機構他・国立がん研究センター他）
国立大学法人附属病院　　　　　　……国立大学法人会計基準
自治体立病院（県立・市立等）　　……地方公営企業会計基準
地方独立行政法人病院　　　　　　……地方独立行政法人会計基準
社会福祉法人経営病院　　　　　　……社会福祉法人会計基準
JA 病院　　　　　　　　　　　　……厚生連会計基準
公益法人経営病院　　　　　　　　……公益法人会計基準
企業経営病院　　　　　　　　　　……企業会計基準
```

　では，医療法人の会計はどのようになっているのでしょうか。医療法人制度創設当時は，専ら病院又は診療所で医療を提供することを前提としていましたので，病院を対象とする会計基準を定めていればいいと考えられてきました。そのため，平成16年に厚生労働省医政局長通知として公表された「病院会計準則」，及び平成12年に厚生省老人保健福祉局長通知として公表された「介護老人保健施設会計・経理準則」がありましたが，施設会計基準や計算書類に関する表示基準が示されているだけでした。そのた

め法人税の申告に耐えうるように，事業会社が準拠している企業会計の基準等を参考にして計算書類が作成されてきました。しかし，医療法人の業務が多角化するに及んで，上記の準則や企業会計の基準等では，法人の財政状態や運営状況を適切に表示できなくなってしまいました。そこで法人そのものに着目した会計基準の制定の必要性が議論されるようになったのです。実は27，8年前，筆者が日本公認会計士協会の公益法人委員会の委員在任中に医療法人会計基準の検討に携わったことがありましたが，任期中には結論には至らずボツになったことがありました。遡ること平成2年の「医療法人運営管理指導要領」で外部監査が望ましい旨の記載がなされたことで，会計監査の実施に必須となる会計基準の必要性が主張されたのです。公認会計士協会の理事や委員会の委員長が，当時の厚生省の担当部署に足繁く協議のために通いましたが実現に至りませんでした。然程に長い期間この基準が検討されてきた経緯があります。

2. 会計基準の制定

　さて，医療法人の業務が多角化してきたと記述しましたが，医療法第42条に医療法人は病院・診療所以外に，医療関係者の養成・再教育，医学・歯学の研究所，疾病予防の温泉施設，有料老人ホーム等の経営もできると定められているので，多くの医療法人では多角化が進んだのです。

　いよいよ話は医療法人会計基準の制定に入ります。平成26年3月19日の医政発0319第7号の「医療法人会計基準について」の冒頭で，「このたび，四病院団体協議会において「医療法人会計基準に関する検討報告書」が取りまとめられました。これは，「当該報告書に基づく医療法人会計基準は，医療法（昭和23年法律第205号）第50条の2に規定する一般に公正妥当と認められる会計の慣行の1つとして認められることから，御了知の上，特に貴管内の病院又は介護老人保健施設を開設している医療法人に

対して積極的な活用が図られるよう，特段のご配慮をお願いしたい。」と
しています。この時点では「検討報告書」としての位置付けでしたので，
「ご配慮をお願いしたい」という表現になっています。では，この医政発
0319第7号が発せられる前の会計はどのようになっていたのでしょう。改
正前の医療法第50条の2で「医療法人の会計は，一般に公正妥当と認めら
れる会計の慣行に従うものとする。」としており，現実には個々の医療法
人の判断によって企業会計の考え方を準用して，税務申告を前提とした法
人税法や一般事業法人に適用される会社法に準拠して計算書類が作成され
ていたことは前述のとおりです。

　しかし，既述のように病院を設置している他の多くの法人には準拠すべ
き基準が制定されているのに対して，医療法人に適用されるべき会計基準
は「ご配慮をお願いしたい」ものに過ぎない取り扱いとなっていました。

　そこで平成27年の医療法の改正で，

> 　医療法人の会計は，この法律及びこの法律に基づく厚生労働省令の
> 規定によるほか，一般に公正妥当と認められる会計の慣行に従うもの
> とする。　　　　　　　　　　　　　　　　　　　　　（医療法第50条）

とし，

> 　医療法人（その事業活動の規模その他の事情を勘案して厚生労働省
> 令で定める基準に該当する者に限る。）は，厚生労働省令で定めると
> ころにより，前項の貸借対照表及び損益計算書を作成しなければなら
> ない。　　　　　　　　　　　　　　　　　　　（医療法第51条第2項）

としています。この「厚生労働省令で定めるところ」が，厚生労働省令第
95号（平成28年4月20日）で定める「医療法人会計基準」であり，一定
の規模に該当する法人はこの基準に従って計算書類を作成しなければなら

ないことになりました。

　では，この一定の規模ですが，医療法施行規則（厚生労働省令第50号）第33条の2で次のように規定しています。

　　①　貸借対照表の負債の部の合計額が50億円以上又は損益計算書の事業収益の合計額が70億円以上である医療法人

　　②　貸借対照表の負債の部の合計額が20億円以上又は損益計算書の事業収益の合計額が10億円以上である社会医療法人

　　③　社会医療法人債券発行法人である社会医療法人

としています。このように①で一定規模以上の医療法人に義務付けられています。②及び③では，社会医療法人に対する規定となっています。このような条件に合致する法人は，財産目録，貸借対照表及び損益計算書について外部監査である公認会計士又は監査法人の監査を受けなければならないと規定しています（医療法第51条第5項）。

　ただ，上記の規模に至らない医療法人には，「会計基準」への準拠を強制してはいませんが，「会計基準について」で通知しているように積極的な活用が求められています。医療法人相互の運営状況等の比較検討による経営改善のためにも，この「会計基準」に従った会計処理と表示が有用ではないかと考えられるのです。

医療法人にも
会計基準ができたのだ！

1-2　医療法人について

1. 医療法人の生成

　医療法人の歴史は終戦後の昭和23年に制定された医療法に端を発して，昭和25年に前年の医療法の改正を受けて新たに設けられた法人制度です。医療法人制度創設の趣旨ですが，「私人による病院経営の経済的困難を，医療事業の経営主体に対し，法人格取得の途を拓き，資金集積の方途を容易に講ぜしめること等により，緩和せんとするものであること」（昭和25年8月2日発医第98号）とあり，病院や診療所等の開設主体に法人格を付与することで安定した経営を期待したのです。その後数度に亘る法改正を経て現在に至っており，性格の異なる数種の医療法人が社会に広く定着して，医療サービスを提供しています。

　また，医療法人には医療サービスを提供するという公共性から，営利を目的とする一般企業とは異なる社会的使命があるとして，「営利を目的として，病院，診療所又は助産所を開設しようとする者に対しては，第四項の規定にかかわらず，第一項の許可を与えないことができる。」（医療法第7条第6項）と規定しています。医業が営利を追求するような，「医が算術」にならないように法規制をしており，医療法人の取引に関しても営利性を牽制する規定として，理事長と特殊な関係，つまり配偶者や近親者で利益相反する虞のある取引を開示させる規定が設けられています。以前に医療法人の代表者の配偶者が役員をしている会社から薬品や医療材料を高額で仕入れていた事例がありましたので，そのような取引によって医療法人に帰すべき収益が他に転嫁されることを回避するための手当なのです。

2. 医療法人の数

医療法が適用になる全国の病院と診療所の施設数は次のとおりです。

	病院	一般診療所	歯科診療所
医療法人	5,741	43,405	14,644
国及び独立行政法人・国立大学法人	324	538	4
地方自治体・地方独立行政法人会計	917	3,196	259
学校法人・公益法人・社会福祉法人	507	10,675	218
個人	176	41,069	53,239
その他	659	3,513	124
合計	8,324	102,396	68,488

（厚生労働省「医療施設動態調査（令和元年５月末概数）」より）

上記の施設数を見ると，「なるほど！」と頷けるのではないでしょうか。歯科診療所，いわゆる歯医者さんでは個人経営が８割近く，一般診療所では個人経営が４割となっています。一方，病院となりますと，７割弱が医療法人によって経営されています。普段の生活の中で目にする病院には公的機関が設置してものが多いように感じますが，数値をあらためて見ますと医療法人の果たしている役割が極めて大きいことが分かります。

3. 医療法人の類型

医療法は昭和23年に制定されて以降数度の改正が行われ，その過程で医療法人制度も改正が加えられました。医療法人の制度的な性格から分類整理してみましょう。

（1） 社団と財団

医療法人にはその生成時点で，社団法人と財団法人に大別されます。

① 社団法人

社団とは,「一定の目的のもとに結合した人の集合体で,団体としての組織を有し団体自身が社会上一個の単一体としての存在を有するもの。」（広辞苑）とされており,社団医療法人は社員と呼ばれる人が集まることで設立されます。

② 財団法人

財団法人とは,「一定の目的のために供せられた財産を独立のものとして運用するため,その財産を構成要素として法律上その設立を認められた公益法人。その目的の担当者として自らその権利・義務の主体となる。」（広辞苑）とされ,医療法人の医療サービス提供という目的のために財産が提供されることで設立されます。

③ 社団と財団の違い

社団においては社員の持分の概念がありますが,財団では財産が寄付されることで設立されるため持分の概念はありません。

（2） 持分について

財団には持分という概念はありませんが,社団には財産の提供即ち出資という行為から始まりますので,そこに持分という概念が生じます。平成19年3月31日の医療法改正前まではこの出資持分が認められていましたが,改正後にはこの出資持分の払戻しや解散時の残余財産の配分を受けることはできなくなりました。これは医療法人の非営利性が形骸化されることを防止するための方策だったのです。ただ,同法改正以前に設立されている医療法人に対しては,経過措置として改正前の医療法が適用されることとなりました。

では,社団医療法人の類型について説明しましょう。

① 一般の持分のある経過措置型社団医療法人

平成19年3月31日以前に設立された社団法人で,社員の退社時に出資

持分の払戻しや解散時の残余財産の配分を受けることができる類型です。

②　出資限度額経過措置型社団医療法人

①と同じ時期に設立され，定款によって持分の払戻し及び解散時の残余財産の分配を当初の出資額に制限している類型です。

③　基金拠出型社団医療法人

平成19年4月1日以降に設立された社団法人で，社員より基金として拠出された法人で，会計上債務となる基金の返還義務を負うという類型になります。次の④の類型のみですと，法人を設立するための財政的な基盤を用意するのが難しくなるため，基金の拠出を受けて法人の運営を行うと言う制度設計になっています。

④　持分のない社団医療法人

平成19年4月1日施行の医療法改正によって社団医療法人の目指すべき非営利性を追求した類型になります。「第二項第十号（解散に関する規定（筆者記入））に掲げる事項中に，残余財産の帰属すべき者に関する規定を設ける場合には，その者は，国若しくは地方公共団体又は医療法人その他の医療を提供する者であつて厚生労働省令で定めるもののうちから選定されるようにしなければならない。」（医療法第44条第5項）とされており，社団への拠出者である社員への配分を定めていません。

（3）　社会医療法人と特定医療法人

①　社会医療法人

医療法第42条の2に定める諸要件を満たし，公共性の高い救急医療等確保事業を行うとして都道府県知事から認定を受けたものを社会医療法人と言います。この救急医療等確保事業は本来公的機関が行うべきものですが，地方自治体等の財政的な事情から不採算事業の継続的な維持が難しい状況下で，民間の医療法人が担うものです。そのため，業務面と税制面で優遇措置があります。

② 特定医療法人

　財団又は持分の定めのない社団たる医療法人で，その事業が医療の普及及び向上，社会福祉への貢献その他公益の増進に著しく寄与し，且つ，公的に運営されていることにつき一定の要件を満たすものとして，国税庁長官の承認を受けたものを言います。この承認を受けると，法人税の軽減措置が適用されます。

4. 種類別医療法人数

　では，医療法人の類型別法人数はどのようになっているのでしょう。前述 3. で説明したように，医療法の度重なる改正によって異なる形態の医療法人が次のように存在しています。

　医療法人総数は 54,790，うち財団法人は 374，社団法人は 54,416 となっており，社団法人が 99 ％強となっています。その社団法人の中で平成 19 年 3 月 31 日以前に設立されて持分がある社団法人が 39,263 で，持分がない社団法人が 15,153 となっています。

　また，医師 1 人の医療法人は 45,541 で，医療法人の 83 ％強となっています。街中の診療所で〇〇医療法人という看板をよく目にしますが，その多くが 1 人医師法人なのです。

　そして，より公益性が高いとして認定又は承認を受けた法人として，社会医療法人は 301，特定医療法人は 359 となっています（平成 31 年厚生労働省調べ「種類別医療法人数の年次推移」より）。

5. 医療法人会計基準について

　読者の中には，医療法人会計基準が 2 つの文書で出ていることに気付かれている方もいるでしょう。1 つは平成 26 年 2 月 26 日に四病院団体協議会会計基準策定小委員会より公表された「医療法人会計基準に関する検討

報告書」の「2　医療法人会計基準」に収載されているものです。そしてもう1つは平成28年4月20日に厚生労働省令第95号として規定された「医療法人会計基準」です。

　前者は検討報告書に収載されており，医政局長通知（平成26年3月19日医政発0319第7号）において公正な会計慣行の1つとして積極的な活用を求められたものでした。これは改正前の医療法第50条の2に規定された「一般に公正妥当と認められる会計の慣行」が規定されていることと，併せて会計年度終了後2月以内に事業報告書等を作成し（医療法第51条），3月以内には都道府県知事に届け出なければならない（医療法第52条）とされていることへの対応として，この会計基準が策定されたのです。

　一方後者は「医療法人の会計は，……厚生労働省令の規定による……」（医療法第50条）を受けて，法令として施行されたもので，強制力を持っています。しかし，後者ではあまり詳細な会計処理等を規定しているわけではないので，前者の記述と注解，解説によって実務に対応することになります。

　よって本書ではこの両基準と関連通知等を引用しながら必要な解説を加えることにします。

第2章
医療法人会計の生成

　医療法人の会計を論じる時に，医療法人そのものの生成過程が会計基準に大きく影響していることがわかります。数度に亘る医療法の改正，それに伴って法人形態の変遷もあり，会計処理もその度に検討が重ねられてきました。その結果として事業会社の会計慣行や税務上の手当を考慮した実務が継続されてきました。そして先行して規定されました病院会計準則が，個別施設に適用される会計基準ではありますが，その延長線上で準用される例もありました。このような経緯を経て医療法人会計基準が産声を上げました。

2-1　医療に関する会計基準について

　医療法人に関する会計基準について整理してみましょう。第1章で医療法人会計基準の意義について説明していますが，本書で引用する医療系の基準や準則の内容を見てみましょう。

1. 病院会計準則・病院会計準則ガイドライン

　医療法人会計基準に先行して定められた準則で，個別の病院の会計について規定されたもので，謂わば施設会計基準と考えられるものです。医療法人会計基準が規定されるまで，医療の会計に関して詳細に定めたもので，会計実務に参照されてきました。

2. 介護老人保健施設会計・経理準則

　介護老人保健施設の経営成績及び財政状態を適正に把握し，施設経営の改善向上に資するための会計情報を提供するために規定されました。医療法人のうち，介護老人保健施設を運営する医療法人は，この準則を斟酌適用することになります。

3. 指定老人訪問看護の事業及び指定訪問看護の事業の会計・経理準則

　指定老人訪問介護及び指定訪問介護の事業の経営成績及び財政状態を適正に把握するための規定であり，その会計情報によって同事業の経営改善と向上に資することを期待しているのです。指定老人訪問看護の事業及び指定訪問看護の事業を実施している医療法人では，この準則を斟酌適用す

ることになります。

4. 社会医療法人債を発行する社会医療法人の財務諸表の用語，様式及び作成方法に関する規則

この規則は医療法第54条の2第1項に規定する社会医療法人債を発行する社会医療法人が作成しなければならない財務書類，即ち財産目録，貸借対照表，損益計算書，純資産変動計算書，キャッシュ・フロー計算書及び附属明細表の用語，様式及び作成方法を定めたものです。

この規則は，医療法人のうち社会医療法人債を発行している法人のみが従うものです。同様の規定は，金融商品取引法が適用される上場会社等が遵守しなければならない財務諸表等規則があり，不特定多数の者を相手に債券等を発行する場合には，当該取引の安全性を担保するためにより厳しいルールが適用されるのです。

 ## 2-2 医療法人会計基準の運用

1. 医療法人会計基準の適用に関する運用指針

厚生労働省令で定めた医療法人会計基準の適用に関して，同省令と同一日付で運用指針が同省医政局長名で発せられています。

まずこの指針の趣旨ですが，会計基準が強制適用される一定規模以上の医療法人に作成が義務付けられている書類のうち会計情報であるもの，即ち財産目録，貸借対照表，損益計算書，純資産変動計算書及び附属明細表を作成する際の基準と様式を定めるとしています。

続いて，この会計基準の適用に関する基本的な考え方を示しています。

医療法人といっても，病院や診療所以外に様々な施設又は事業を運営している例があり，それぞれの運営実態を適正に表す会計慣行乃至は実務の存在が想定されます。そのような場合には，「一般に公正妥当と認められる会計の基準を考慮した総合的な解釈の結果として，各々の医療法人において，経理規定を作成する等により，具体的な処理方法を決定しなければならない。」（運用指針2）としています。会計基準では処理の詳細までを規定してはいませんが，この運用指針では個々の勘定科目に関する具体的な処理に関して記載しています。運用指針で説明されていない事項に関しては上記のように「一般に公正妥当と認められた」会計実務を参照して対応する必要があります。

併せて，前述の各書類のひな型を示しています。

2. 医療法人に作成が求められている書類

医療法人に作成が求められている書類について整理してみましょう。

（1） 医療法第 51 条第 1 項に定める書類

医療法人に対して毎会計年度終了後 2 月以内に，事業報告書，財産目録，貸借対照表，損益計算書，関連当事者との取引の状況に関する報告書（以下「事業報告書等」という）を作成しなければならないとしています。つまり普通の医療法人に上記の書類の作成が求められているのです。

（2） 医療法第 51 条第 2 項に定める医療法人に求める書類

外部監査が義務付けられるとして前章で説明しました一定規模以上の医療法人には，事業報告書等に加えて純資産変動計算書と附属明細書の作成が求められています（施行規則第 33 条第 1 項第 3 号）。

（3） 社会医療法人債発行法人に求められる書類

独自に債券を発行する医療法人には，株式を公開している法人と同レベルの資料の作成が求められ，財務情報としては事業報告書等，純資産変動

計算書と附属明細書に加え，キャッシュ・フロー計算書の作成が求められています（施行規則第33条第1項第2号）。

　次ページの一表で整理しています。

いろんな書類を
作成しなければならないんだ！

作成及び公告が必要な書類について

	法第51条第2項に左記以外の社会医療該当する医療法人	左記以外の社会医療法人	左記以外の医療法人
貸借対照表	作成及び公告義務(注1)	作成及び公告義務(注3)	作成義務(注3) ※法改正前と同じ
損益計算書	作成及び公告義務(注1)	作成及び公告義務(注3)	作成義務(注3) ※法改正前と同じ
財産目録	作成義務(注2)	作成義務(注3)	作成義務(注3) ※法改正前と同じ
附属明細表	作成義務(注2)	任意	任意
純資産変動計算書	作成義務(注2)	任意	任意
関係事業者との取引に関する報告書	規則に定める基準に該当する場合は作成(注3)	規則に定める基準に該当する場合は作成(注3)	規則に定める基準に該当する場合は作成(注3)

（注1） 医療法人会計基準（平成28年厚生労働省令第95号）で定める貸借対照表及び損益計算書の作成及び公告には注記も含むこと。

（注2） 医療法人会計基準適用上の留意事項並びに財産目録，純資産変動計算書及び附属明細表の作成方法に関する運用指針（平成28年4月20日医政発0420第5号）で定める様式を使用すること。

（注3） 医療法人における事業報告書等の様式について（平成19年3月30日医政指発第0330003号）で定める様式を使用すること。

（注4） （注1）（注2）に関わらず，社会医療法人債発行法人については，社会医療法人債を発行する社会医療法人の財務諸表の用語，様式及び作成方法に関する規則（平成19年厚生労働省令第38号）で定める様式を使用すること。

（医政発0330第33号平成30年3月30日より）

2-3　医療法人の決算に関する規定

1. 保存期間

　医療法では，会計に関する帳簿等や計算書類の保存期間を定めています。会計帳簿はその閉鎖の時から10年間，つまり会計年度末で帳簿を締め切った時から，その会計帳簿とその事業に関する重要資料を10年間保存しなければなりません（医療法第50条第2項）。この保存方法ですが，すべて紙媒体による必要はなく，電子媒体等の最近の技術的な方法によって保存することになります。

　また，別の条項で貸借対照表及び損益計算書についても，作成時から10年間保存しなければならないとしています（医療法第51条第3項）。

　作成時と言っていますので，決算期からは作成期間経過後が始点となって10年間ということになります。

2. 決　　算

　医療法人は，その組織が財団と社団とを問わず年1回決算を行うことになります。財団たる医療法人では少なくとも毎年1回は定時評議委員会を開かなければなりません（医療法第46条の4の3）。また社団たる医療法人では少なくとも毎年1回は定時社員総会を開かなければなりません（医療法第46条の3の2第2項）。

　これを受けて会計年度を4月1日から翌年の3月31日までと定めています。ただ，医療法人の定款又は寄付行為で別途会計年度を定めている場合にはそれに従うことになります（医療法第53条）。

Reference

　公開会社の中では３月決算がマジョリティーになっています。会計年度を３月と決めている公的機関に倣っているとも言われますが，その昔，株主総会で総会屋なる人たちが活躍！していた当時，総会日を一緒にすれば多くの総会に現れることがなく，穏便に総会の議事進行ができるとして，敢えて３月決算にしたこともありました。そのような例は現在無くなったようですが。

3. 事業報告書等の承認・届出
（1） 承　　認

　医療法人の事業報告書等について，一般の株式会社と同様に法人の機関の承認を受けなければなりません。社団医療法人では社員総会で，財団医療法人では評議員会で事業報告書等に関して協議し，承認手続を踏むことになります（医療法第 51 条の 2）。

（2） 届　　出

　医療法人は上記の承認を受けた事業報告書等と監事の監査報告書，公認会計士又は監査法人の監査が求められている場合にはこの監査報告も併せて，毎年 6 月末までに所管する都道府県知事宛に届け出なければなりません（医療法第 52 条第 1 項）。

　また，上記の知事は，所管する医療法人の定款又は寄付行為及び事業報告書等について請求があった場合には，厚生労働省令で定めるところによって閲覧に供しなければならないとしています（医療法第 52 条第 2 項）。

（3） 公　　告

　一定規模以上の医療法人と社会医療法人は，前記（1）の承認を受けた

貸借対照表及び損益計算書を，官報への掲載その他の方法によって公告を求められています（医療法第51条の3）。

　併せて，社員若しくは評議員又は債権者からの請求に応じて事業報告書等及び監事監査報告書，定款又は寄付行為を閲覧に供しなければなりません（医療法第51条の4）。

　このように医療法人には会計年度終了後3月以内に事業報告書等を所管する都道府県知事に提出しなければなりませんので，決算スケジュールが自ずと決められてしまいます。上記の承認日程を考えますと，6月上旬には事業報告書等を作成し，監事及び公認会計士等の監査を受けて社員総会（社団）又は理事会（財団）の承認を受けることになります。3月末に会計帳簿を締め切り，決算整理を進めることになりますが，医療保険収益の集計等々の事務は煩雑を極めます。決算に対する事務のスケジュールを綿密に組んで臨む必要があります。

　また，請求に応じて閲覧に供すること，公告することが求められており，事業報告書等が法人内外の目に晒される機会があるため，より慎重に臨むことになります。

　ちなみに筆者が以前監査を担当していました医科大学では，本院と6附属病院，そして大学と付属看護学校，コメディカル専門学校を含め，5月の連休明けには決算のドラフトが出来上がっていました。綿密な事前準備と各部署の連携によって5月末までの評議員会と理事会に間に合わせ，その後に公認会計士又は監査法人の監査を受けて，6月末までに諸官庁である文部科学省に計算書類に会計監査人の監査報告書を袋綴じ・割印をして提出していました。

2-4　会計の一般原則

1. 会計の原則

　会計基準に会計処理に関する基本的な考え方を規定しており，この内容は企業会計原則に倣ったものです。ただ，会計基準の目的としている点の相違によって企業会計基準で定めている7原則の内から下記の項目を準用してきています。

> 　医療法人は，次に掲げる原則によって，会計処理を行い，貸借対照表等を作成しなければならない。
>
> 　一　財政状態及び損益の状況について真実な内容を明瞭に表示すること。
>
> 　二　すべての取引について，正規の簿記の原則によって，正確な会計帳簿を作成すること。
>
> 　三　採用する会計処理の原則及び手続並びに貸借対照表等の表示方法については，毎会計年度継続して適用し，みだりにこれを変更しないこと。
>
> 　四　重要性の乏しいものについては，貸借対照表等を作成するために採用している会計処理の原則及び手続並びに表示方法の適用に際して，本来の厳格な方法によらず，他の簡便な方法によることができること。　　　　　　　　　　　　　　　　　　　（基準第2条）

（1）　真実性の原則・明瞭性の原則

　真実性の原則は，他の原則の上位概念として位置付けられており，法人の財政状態及び損益の状況を適正に処理し，表示することを求めているの

です。企業会計原則の一般基準では真実性の原則と明瞭性の原則は別個に
規定されています。

　明瞭性の原則は，貸借対照表等を見る読者を意識したもので，明瞭な表
示によってより理解を得られるように作成しなければならないとしている
のです。

（2）　正規の簿記の原則

　これは会計帳簿の作成の原則と呼ばれるもので，企業会計実務から始
まった会計制度の整備によって多くの公的分野に複式簿記が導入されまし
た。単式簿記によっていた公的分野が独立行政法人化され，複式簿記に転
換が進んでおり，医療法人会計でも複式簿記を前提にしています。この正
規の簿記の原則では，会計帳簿に記録の網羅性，検証可能性そして秩序性
を求めています。法人の経済取引を会計上の記録とするのが簿記という手
法です。その原因と結果の両面から捉え，借方と貸方として記録するので
す。

　また，医療法では会計帳簿に関して，

　　医療法人は，厚生労働省令で定めるところにより，適時に，正確
　な会計帳簿を作成しなければならない。
2　医療法人は，会計帳簿の閉鎖の時から十年間，その会計帳簿及び
　その事業に関する重要な資料を保存しなければならない。

　　　　　　　　　　　　　　　　　　　　　　　（医療法第 50 条の2）

としています。

（3）　継続性の原則

　この原則が求められる理由は，1つの会計事実に対して複数の処理方
法・表示方法が認められる場合がありますが，その際に一旦採用した方法
は継続して適用しなければならないとするのです。その目的は貸借対照表

等の期間比較可能性を維持することと，会計処理・表示を恣意的に変更することを排除するためです。

（4）　重要性の原則

　この原則で簡便な処理と表示方法を許容しているのは，貸借対照表等の読者の判断を誤らせることがない範囲で認めているのです。法人の財政状態及び損益の状況を判断する上で，重要性の乏しい事項に関しては，簡便な方法によることでもその結果に大きな影響を与えないとしているからです。

　この原則の適用例が示されています。

---

①　棚卸資産のうち，重要性の乏しいものについては，その買入時又は払出時に費用として処理する方法を採用することができる。

②　前払費用，未収収益，未払費用及び前受収益のうち，重要性の乏しいものについては，経過勘定項目として処理しないことができる。

③　引当金のうち，重要性の乏しいものについては，これを計上しないことができる。

④　取得価額と債券金額との差額について重要性の乏しい満期保有目的の債券については，償却原価法を採用しないことができる。

⑤　税効果会計の適用に当たり，一時差異の金額に重要性がない場合には，繰延税金資産又は繰延税金負債を計上しないことができる。

⑥　租税特別措置法による特別償却額のうち一時償却は，重要性の乏しい場合には，正規の減価償却とすることができる。

（検討報告書注解１）

　上記のうちの適用例として，①ではシリンジや少額の医療材料が考えられます。また②では損害保険料の保険期間による日割り計算が考えられます。手数がかかるだけで大勢に影響がない場合には簡便な方法によること

ができるとしているのです。③以下についてはやや専門的な内容ですので後の章で説明します。

2. 表示の原則
（1） 総額表示

会計基準では貸借対照表等の表示について次のように規定しています。

> 貸借対照表における資産，負債及び純資産並びに損益計算書における収益及び費用は，原則として総額をもって表示しなければならない。
>
> （基準第5条）

資産と負債又は純資産と相殺して差し引き差額を表示したり，収益から費用を控除して損益結果だけを示す方法を認めないとしているのです。

相殺することで全体像がわからなくなってしまい，実態が把握できなくなるからで，企業会計においても同様の考え方を採っています。

（2） 金額の表示の単位

> 貸借対照表等に係る事項の金額は，千円単位をもって表示するものとする。
>
> （基準第6条）

金額の桁数が多いと，却って見づらい点があるので，千円単位にしているのです。

 2-5　収益事業の区分経理

収益事業の会計について運用指針の4において，

法第42条の2第3項において，「収益事業に係る会計は，本来事業及び付帯事業に関する会計から区分し，特別の会計として経理しなければならない」とされている。したがって，貸借対照表及び損益計算書（以下「貸借対照表等」という。）は，収益事業に係る部分を包含しているが，内部管理上の区分においては，収益事業に固有の部分について個別の貸借対照表等を作成することとする。なお，当該収益事業会計の貸借対照表等で把握した金額に基づいて，収益事業会計から一般会計への繰入金の状況（一般会計への繰入金と一般会計からの元入金の累計額である繰入純額の前期末残高，当期末残高，当期繰入金額または元入金額）並びに資産及び負債のうち収益事業に係るものの注記をすることとする。

としています。この医療法第42条の2は公共性の高い救急医療等確保事業を行うとして都道府県知事から認定を受けた社会医療法人に関して定めたものです。運用指針で敢えて取り上げていますが，医療法人に作成が求められている損益計算書の様式でも，事業損益の内訳で収益業務事業損益の記載が求められています。ですので，医療法人の帳簿体系で収益事業を区分経理する必要があります。

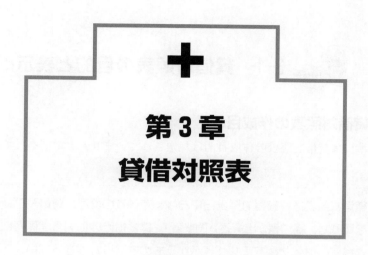

第3章
貸借対照表

　医療法人が作成する基本的な計算書類は，公告を義務付けられている貸借
対照表と損益計算書になります。この2種類の計算書類はお互いに補完しあ
う関係であり，車の両輪に例えられます。医療法人がどのような財源を以っ
て病院施設などの資産を所有しているのか，今までの事業の結果としてどの
ような財産が残されているのかを表しているのがこの貸借対照表です。英語
では Balance sheet であり，略して B/S と言っています。

　医療法人の財政状態を表す貸借対照表を説明します。

3-1　貸借対照表の目的と表示

1.　貸借対照表の作成目的

　基準には貸借対照表の作成目的は規定されていません。準則を見てみます。

　貸借対照表は，貸借対照表日におけるすべての資産，負債及び純資産を記載し，経営者，出資者（開設者），債権者その他利害関係者に対して病院の財政状態を正しく表示するものでなければならない。
1.　債務の担保に供している資産等病院の財務内容を判断するために重要な事項は，貸借対照表に注記しなければならない。
2.　貸借対照表の資産の合計金額は，負債と純資産の合計額に一致しなければならない。　　　　　　　　　　　　　　　　　　　（準則第14）

　貸借対照表は，医療法人が所有するすべての資産，負っているすべての負債，そしてその差額として計算される自らの純財産額である純資産を一表にまとめて表示することで，その貸借対照表の作成基準日現在の財政状態を明らかにするのです。法人を運営する理事長，事務長，職員，そして病院等の施設の設置のための資金提供者である社員や理事，法人が運営している病院等に配置されている医療機器や医薬品等を納入する業者，そして病院等の顧客である患者やその家族などの利害関係者に対して，法人の期末日時点での財政状態を説明することになります。

　また，法人が金融機関等から資金調達のために，所有する資産（主に土地・建物等の有形固定資産が対象になります）を担保に差し入れている場合には，その資産には法的な保全措置として抵当権などが付されることに

なります。当然ですが，担保に供されている資産の処分には担保権者からの制約がかかることになります。法人の財務内容を知る上で必要な情報として借入金等の債務の担保に供されている資産がある場合には，その旨の注記が求められています。

また従来資本と言われた区分に代えて，企業会計で用いられている純資産という概念が貸借対照表に使われることになっています。

上記準則に「貸借対照表の資産の合計金額は，負債と純資産の合計額に一致しなければならない。」と，敢えて規定していますが，貸借対照表の借方（左側）と貸方（右側）の各合計金額が一致するのは，複式簿記の結果として当然のことです。

2. 貸借対照表の表示

表示に関しては基準に簡略に規定されています。

> 1 貸借対照表は，会計年度の末日におけるすべての資産，負債及び純資産の状況を明瞭に表示しなければならない。
> 2 貸借対照表は，様式第一号により記載するものとする。
>
> （基準第7条）

会計年度の末日ですので，原則として3月31日現在の財政状態を示すことになります。そして様式についても，巻末に掲載しているように基準で示しています。

そして，貸借対照表の区分表示に関しては，

> 貸借対照表は，資産の部，負債の部及び純資産の部に区分し，更に，資産の部を流動資産及び固定資産に，負債の部を流動負債及び固定負債に，純資産の部を出資金，基金，積立金及び評価・換算差額等に区

> 分するものとする。　　　　　　　　　　　　　　（基準第8条）

　資産及び負債を流動と固定に区分するのは企業会計に倣うもので，独立行政法人等に適用される他の会計基準でも取り入れています。

　この流動と固定との区分基準に関して準則で詳細に示しています。

1.　医業未収金（手形債権を含む），前渡金，買掛金，支払手形，預り金等の当該病院の医業活動により発生した債権及び債務は，流動資産又は流動負債に属するものとする。ただし，これらの債権のうち，特別の事情によって1年以内に回収されないことが明らかなものは，固定資産に属するものとする。

2.　貸付金，借入金，当該病院の医業活動外の活動によって発生した未収金，未払金等の債権及び債務で，貸借対照表目の翌日から起算して1年以内に入金又は支払の期限が到来するものは，流動資産又は流動負債に属するものとし，入金又は支払の期限が1年を超えて到来するものは，固定資産又は固定負債に属するものとする。

3.　現金及び預金は，原則として流動資産に属するが，預金については貸借対照表日の翌日から起算して1年以内に期限が到来するものは，流動資産に属するものとし，期限が1年を超えて到来するものは，固定資産に属するものとする。

4.　所有有価証券のうち，売買目的有価証券及び1年内に満期の到来する有価証券は流動資産に属するものとし，それ以外の有価証券は固定資産に属するものとする。

5.　前払費用については，貸借対照表日の翌日から起算して1年以内に費用となるものは，流動資産に属するものとし，1年を超える期間を経て費用となるものは，固定資産に属するものとする。未収収

益は流動資産に属するものとし，未払費用及び前受収益は，流動負
債に属するものとする。

6. 医薬品，診療材料，給食用材料，貯蔵品等のたな卸資産は，流動資
産に属するものとし，病院がその医業目的を達成するために所有し，
かつ短期的な費消を予定しない財貨は，固定資産に属するものとす
る。 　　　　　　　　　　　　　　　　　　　　　　　　　　（準則注解 10）

　上記の **1.** の医業未収金は一般企業では売掛金となりますし，基準では
事業未収金となります。このように流動・固定の区分には 2 つの原則があ
ります。1 つは 1 年基準（One Year Rule）で，年度末日後 1 年以内に入金
又は支払期限の到来するものは流動，1 年を超えて入金又は支払期限が到
来するものは固定とするのです。そしてもう 1 つは営業循環基準（Normal
Operating cycle Rule）で，運営している法人の本業で発生する資産・負債
は期間の長短に拘わらず流動資産・流動負債とする考え方です。後者です
と，病院の事業未収金や前渡金，買掛金，預り金などが該当します。

Reference

　英語表記ですと，流動資産が Liquid Asset，固定資産が Fixed Asset と言
います。英語の直訳なのです。

　基準では表示について詳細に定めてはいませんので，準則での規定を引
用してみましょう。

　資産，負債は，適切な区分，配列，分類及び評価の基準に従って記
載しなければならない。 　　　　　　　　　　　　　　　　　　（準則第 16）

基準では貸借対照表の様式を定めていますので，勘定科目とその記載順も示されています。ただ，様式に記載されていない勘定科目の記載を制約している訳ではなく，その勘定の内容を的確に示す科目を設けることも許容されます。

　貸借対照表での金額表示に関しては，基準，準則で次のように定めています。

> 　貸借対照表における資産，負債及び純資産……原則として総額をもって表示しなければならない。　　　　　　　　　　（基準第5条）

> 　資産，負債及び純資産は，総額によって記載することを原則とし，資産の項目と負債又は純資産の項目とを相殺することによって，その全部又は一部を貸借対照表から除去してはならない。　　（準則第17）

　上記の基準・準則で総額表示を求めています。また，資産及び負債の配列方法に関しては準則で次のように定めています。

> 　資産及び負債の項目の配列は，流動性配列法によるものとする。
> 　　　　　　　　　　　　　　　　　　　　　　　　　（準則第18）

　貸借対照表の資産及び負債の表示の配列方法を示しており，基準でも様式に示されているようにこの流動性配列法を採っています。

Reference

　一般的によく目にする貸借対照表はこの流動性配列法で表示されていますが，特定の業種や国立大学法人会計基準では固定性配列法を採っています。

3-2　貸借対照表の表示区分と評価原則

1.　貸借対照表科目の分類

　基準では科目の分類に関しては明文化していません。そこで準則を見てみましょう。

　資産及び負債の各科目は，一定の基準に従って明瞭に分類しなければならない。
（準則第 19　1.）

　資産は，流動資産に属する資産及び固定資産に属する資産に区別しなければならない。仮払金，未決算等の勘定を貸借対照表に記載するには，その性質を示す適当な科目で表示しなければならない。
（準則第 19　2.）

　負債は，流動負債に属する負債と固定負債に属する負債とに区別しなければならない。仮受令，未決算等の勘定を貸借対照表に記載するには，その性質を示す適当な科目で表示しなければならない。
（準則第 19　3.）

　純資産は，資産と負債の差額として病院が有する正味財産である。純資産には，損益計算書との関係を明らかにするため，当期純利益又は当期純損失の金額を記載するものとする。　　（準則第 19　4.）

　まず明瞭制の原則に従って勘定科目を明示すべきことを規定しています。続いて仮勘定との勘定科目に対する注意を促しています。日々の実務としては，入出金の際にその詳細な内容がわからない場合には取り敢えず仮勘定に入れておき，後日その内容が判明したときに振替仕訳を入力するのですが，貸借対照表に仮勘定等の不明な勘定科目を掲載してはならないとし

ているのです。

 Reference

　小生が新人の会計士だった頃に，外資系の会社の記帳代行に従事したことがありました。月次決算報告をテレックス（若い人は知らないでしょうが）で送るのですが，月末の入金の内容が不明だったため仮受金（Suspense Receipt）としました。ニューヨークの親会社から即座に警告文がテレックスで送られてきました。内容を精査せよ！今後 Suspense Account の使用を禁ずと。日本語の仮勘定に対する印象とサスペンスに対するそれとは明らかに違いますね。

　基準で示している様式には勘定科目が示されており，医療法人特有の勘定科目としては，流動資産の事業未収金，有形固定資産の医療用機器備品，その他の資産の保有医療機関債，固定負債の医療機関債が記載されています。

2. 資産・負債の評価原則

　貸借対照表に計上される資産の評価では次のように規定しています。

　資産については，その取得価額をもって貸借対照表価額としなければならない。ただし，当該資産の取得のために通常要する価額と比較して著しく低い価額で取得した資産又は受贈その他の方法によって取得した資産については，取得時における当該資産の取得のために通常要する価額をもって貸借対照表価額とする。　　　　　　（基準第９条）

　資産の対照表価額は原則として取得に要した金額になります。ただし，

低廉又は無償で取得した時には取得時の時価によって評価することになります。寄付，贈与等により無償で取得した資産については，準則に次のように規定されています。

> 譲与，贈与その他無償で取得した資産については，公正な評価額をもって取得原価とする。　　　　　　　　　　　　　（準則第21）

もし，外貨建てで取得した場合の評価方法は，

> 1.　外貨建資産及び負債については，原則として，決算時の為替相場による円換算額をもって貸借対照表価額とする。
> 2.　重要な資産又は負債が外貨建てあるときは，その旨を註記しなければならない。　　　　　　　　　　　　　　　　　　（準則注解16）

と言うように，外貨の為替換算額を用いることになります。高額な医療機器のうちには，輸入機器が少なくありません。しかし，この外貨換算が適用されるのは，医療法人自らが外貨によって代金を決済する場合です。取得時点で円貨に換算して資産価額を決定します。資産取得時と外貨による代金支払時と為替レートが変動することが考えられますが，取得した資産の価額は取得時の為替レートで換算し，代金決済時と差額が生じた場合には為替決済差損益として損益計算書に計上し，資産価額を修正することはありません。しかし，多くの例では商社を通じて取得しているので，為替相場の変動による為替リスクを負担することは少ないと考えられます。

　負債の評価に関しては，法人が負っている債務であるため，資産のような評価の問題は生じません。なお，外貨建て債務に関しては為替レートの変動を受けることになります。

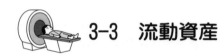 3-3　流動資産

　流動資産に計上する資産を，様式に示されている科目順に内容を見てみましょう。

1. 現金及び預金

　現金には，現金そのもの以外に即時現金化される手元にある受取小切手，送金為替手形，郵便振替小切手，郵便為替証書や支払期日の到来した債券の利札なども含まれます。

　預金とは，金融機関に預けている各種の預金を言います。しかし，預金の中で貸借対照表日から満期までの期間が1年を超えるものは，固定資産の「その他の資産」に計上することになります。

　病院には毎日外来患者が訪れ，医事課の窓口で治療代の清算をしています。多くの病院では金銭の精算を機械化していますが，お年寄りが窓口で

精算する場面をよく見ます。また，入院患者も一定期間ごとに入院代等を精算します。現金を扱う病院の職員も人間ですので，おつりを間違えることもあります。毎日レジスターの現金を精算してみると，現金の過不足を生じることも年に一度や二度はあるものです。こんなときに，担当者が自分の財布を使って調整するのは，不正の元ですので慎まなければなりません。このような場合には，仮勘定として「現金過不足」勘定を使うことになります。原因の究明を行って，なお不明なものは雑支出乃至は雑収入に計上することになります。

2. 事業未収金

　法人が営む病院や介護施設等で提供したサービスの対価として生じる債権がこの事業未収金です。事業会社の売掛金になります。その内容は入院診療，入院にかかる差額ベッド料である室料差額，外来診療，保健予防活動，受託検査，施設利用料，介護施設利用料，診断書等の文書料などの事業収益に係るものです。この事業未収金の発生原因以外，いわば法人の本業以外の取引によって生じる債権は未収金として「その他の流動資産」に計上されることになり，明確に峻別することになります。準則でも次のように規定しています。

> 　未収金その他流動資産に属する債権は，医業活動上生じた債権とその他の債権とに区分して表示しなければならない。（準則第19　2.）

　事業未収金の計上のタイミングですが，事業サービスを提供した時点になります。外来患者にかかる自己負担分の収益は，当日の請求額によって確定し，その日の内に入金されなければ医業未収金に計上されます。入院患者に対する医業未収金の計上は，病院の請求時期によりますが，年度末では期末日までの診療分までを債権として認識することになります。保険

診療債権は，毎月の診療報酬額を翌月の10日までに算定して支払基金等に請求することになりますので，請求債権金額の確定時に前月分の医業未収金として会計処理することになります。医業未収金の認識時点は，診療行為が提供された時点で発生するという発生主義の考え方に従うことになりますので，仮にレセプトが何らかの理由で留保されている場合でも，診療行為は既に提供されているのですから，債権を認識するのが原則です。

　また，保険診療債権が請求額通りに入金される訳ではなく，支払基金等によって診療内容に関して査定が行われます。この査定によって保険請求額が減額されることがありますが，その際には当該事業未収金が消滅したとして，次の仕訳になります。

（借方）事業収益　　×××　　　（貸方）事業未収金　×××
　　　　（保険等査定減）

　この査定減に対しては，再請求する場面もあり得ますので，その請求時には事業未収金を再度計上することになります。

　査定減ではなく，何らかの理由でレセプトが返戻されることがあります。この場合は，減額されたわけではなく，病名不明等記載内容に不備があったためで，事業未収金は消滅しません。しかし，実務上の処理としては，査定減と同様にいったん事業未収金を減額し，症状詳記等の補完をして再度請求する際に事業収益と事業未収金を計上する方法が考えられます。また，臓器移植等の理由で保険請求を留保しているレセプトが医事担当部署に残っていることがありますが，年度末には点数を計算して事業収益と事業未収金を計上します。この仕訳も翌期首には反対仕訳を入れて，いったん消去しておき，請求時に改めて計上することで齟齬を回避できます。

　この事業未収金の評価ですが，基準及び運用指針では次のよう示してい

ます。

> 　未収金及び貸付金その他の金銭債権については，徴収不能のおそれ
> がある場合には，貸倒引当金として当該徴収不能の見込み額を控除
> するものとする。
> 2.　前項の場合にあっては，取得価額から貸倒引当金を控除した金額
> を貸借対照表価額とする。　　　　　　　　　　　　　　　　（基準第 12 条）

> 　未収金，貸付金等の金銭債権のうち徴収不能と認められる額がある
> 場合には，その金額を合理的に見積もって，貸倒引当金を計上するも
> のとする。ただし，前々会計年度末の負債総額が 200 億円未満の医療
> 法人においては，法人税法（昭和 40 年法律第 34 号）における貸倒引
> 当金の繰入限度相当額が取立不能見込額を明らかに下回っている場合
> を除き，その繰入限度額相当額を貸倒引当金に計上することができる。
> 　　　　　　　　　　　　　　　　　　　　　　　　　　　　（運用指針 12）

引当金の計上に関しては **9-3** の「引当金」を参照してください。

3. 有価証券

　流動資産に計上する有価証券は，医療法人の余裕資金の運用対象として
の有価証券投資と，関連会社等への政策的な投資があります。後者の政策
的な投資は，余裕資金の一時的な運用とは異なり，長期に亘って有価証券
を保有するのですから，ここで言います流動資産たる有価証券には該当し
ません。

　有価証券とは，国債，地方債等の債券，株式，投資信託等の金融商品取
引法に定める有価物を言います。

有価証券の区分及び評価に関しては，**9-2** を参照してください。

4. 棚 卸 資 産

（1） 棚卸資産とは

　棚卸資産とは，事業者が販売する目的で一時的に保有している商品・製品・原材料・仕掛品等の総称です。医療法人ですと，患者の治療に要する医薬品，診療材料，貯蔵品そして入院患者用の給食用材料等が棚卸資産になります。

① 医 薬 品

　病院にとって最も重要な棚卸資産が，診療に欠かせない医薬品になります。医薬品とは，薬機法（旧薬事法）に定められた医薬品を言い，投薬用薬品，注射用薬品，検査用試薬，造影剤，外用薬等を指しています。

② 診 療 材 料

　診療材料とは，カテーテル，シリンジ，ギブス粉，レントゲンフィルム，縫合糸等の診療用の消耗品を言います。最近は注射器（シリンジ）も感染防止のため使い捨てとなっていますので，大量に消費するようになりました。

③ 給食用材料

　病院では入院患者の健康状態によって調理された食事が出されます。この食材が棚卸資産になるのです。食材そのものは生鮮食料品を始めとして，然程在庫量を持たないのが常で，消費したごとに業者に注文していますし，最近では患者個々のニーズに応じた栄養管理が行き届いた食事を提供する給食センターもあるため，病院内に衛生管理の行き届いた厨房を持たない場合もあり，棚卸資産の中での給食用材料は貸借対照表上で重要性を持たなくなってきています。

④ 貯 蔵 品

　貯蔵品とは，体温計，シャーレ，患者給食用食器等のように1年以内に消費するもの，聴音器，血圧計，鉗子類のように小額で固定資産の計上基

準に満たない機器，半減期が1年未満の医療用放射性同位元素が該当します。棚卸資産ですので，医薬品と同様に評価基準及び評価方法が適用されます。しかし，金額的にも僅少であり，継続記録をとるのも煩雑なため，実務的には購入時に費用処理している例が多いものと思われます。

（2） 棚卸資産の評価方法等について

棚卸資産は出入りの激しい資産ですので，その管理手法については慎重に対応する必要があります。

棚卸資産の評価方法及び評価基準については重要な会計方針に該当し，棚卸資産の評価方法は，先入先出法，移動平均法，総平均法の中から選択適用することを原則とするが，最終仕入原価法も期間損益の計算上著しい弊害がない場合には用いることができる。また，時価が取得価額よりも低くなった場合には，時価をもって貸借対照表価額とする。なお，棚卸資産のうち，重要性の乏しいものについては，重要性の原則の適用により，その買入時又は払出時に費用として処理する方法を採用することができる。 （運用指針7）

また，病院会計準則では評価基準について次のように規定しています。

医薬品，診療材料，給食用材料，貯蔵品等のたな卸資産については，原則として，購入代価に引取費用等の付随費用を加算し，これに移動平均法等あらかじめ定めた方法を適用して算定した取得原価をもって貸借対照表価額とする。ただし，時価が取得原価よりも下落した場合には，時価をもって貸借対照表価額としなければならない。

（準則第23）

このように，運用指針では評価方法を，準則では評価基準を規定しており，通常の取得原価基準を採っています。

運用指針で「最終仕入原価法も期間損益の計算上著しい弊害がない場合には用いることができる。」としていますが，この最終仕入原価法というのは，個々の薬品等の期末在庫の単価に直前の仕入単価を用いる方法です。実際の在庫数量の中には直近以前に仕入れた薬品等があっても，大勢に影響がなければ最終仕入単価原価を使って在庫金額を計算していいという方法なのです。また，「時価が取得価額よりも低くなった場合には，時価をもって貸借対照表価額とする。」では，在庫している薬品等の期末時点での時価が仕入単価よりも低くなっている場合には，その低い価格で在庫金額を計算しなければならないとしているのです。期末時点での棚卸資産の価額を適正に示すためなのです。

医薬品の購入では，医薬品卸売業者との間でいろいろな方法での値引き交渉が行われるのが常ですが，考え方の原則は患者に投与された医薬品の原価はいくらなのか，また期末で在庫として残った医薬品の価額はいくらなのかを算定することです。技術的難題，計算方法の煩雑さも課題としてありますが，金額の算出に係る手数と，その結果との比較考量になります。つまり，経済的な合理性が前提となり，精密な計算を講じた結果が簡易な計算をしたことと大して相違がない場合には，敢えて精密な計算をする必要はないと言うことです。現実の購入では当初に単価契約を結び，契約期間内の購入数量によって値引きが行われることがあり，期末での棚卸薬品の単価を値引き後の単価に置き直しますと，結果として損益計算書上の医薬品費が算出されます。

多くの病院では，個々の医薬品の受払いのシステム化は進んでおらず，期末棚卸高に最終仕入原価を乗じている例が多いものと考えられます。基準では，先入先出法等の評価方法の適用を求めていますので，今後電子カルテ，新たなオーダリング・システムの導入に合わせて，医薬品の在庫受払いの継続記録を把握できるシステムの導入が求められるところです。

現実の実務を考えますと，病院で使用する医薬品を金額的に上位から並べて100位乃至は200位をとりますと，医薬品全体金額のうちの相当割合を占めていますので，重点的に受払い記録を整備することで，評価方法に準拠した結果を把握することが可能になると考えられます。

　診療報酬に疾病別包括払い方式が広く導入されますと，病院の経営管理上各患者，各疾病ごとの原価計算が求められ，患者に投与された医薬品費の把握が必要になります。しかし，現実には病院等の診療機関での原価計算は，製造業における製品の製造原価を算出している現状に比べて，解決しなければならない課題が多くあるため進んではいないのが現状です。

　薬剤室や調剤室における医薬品の有効期限切れ，期中での破損，紛失，レセプトに記録されない投薬，期末での値下がりなどが，受払いシステムがない状態ですと，不明な消費は結果として損益計算上医薬品費に計上されることになり，管理会計上大きな課題となっています。

　医薬品等の棚卸ですが，どのような単位で棚卸をすべきかが実務上話題になります。また，法人全体の医薬品等の在庫を調べるわけですから，大変な作業になります。一般の会社では期末時に操業を一時停止する等の措置をして，数量をカウントしますがそのようなことはできません。診療を棚卸のために止める訳にはいきませんし，手術室の棚卸のために手術を止める訳にはいきませんので，棚卸の手続には工夫が必要になります。例えば病棟のナース・ステーションに備え置いている薬は定量配置しておき，棚卸時には定量に補充しておいて，カウントを省略する方法，年度末日までは使うことのない医薬品を梱包のままで数日前にカウントする方法等を講じて，年度末日に集中しない方法をとるべきでしょう。また，どの単位までをカウントの対象とするかです。錠剤1錠までなのか，粉薬1グラムまでなのか。カウントするためにビンから薬剤をトレイに上にあけるのは，薬機法上問題が生じますので，それに代替する方法を工夫することになり

ますし，金額的に僅少な薬剤を詳細にカウントする必要も少ないように考え，薬ビンの蓋を開けたら消費したとみなす方法も選択肢の1つです。

　最近は医薬品と診療材料を含め，購買方法にSPD（Supply Processing and Distribution）方式を採用する医療機関が増えてきました。例えますと，「富山の置き薬」方式で，医療機関で消費した時点で購入を発生させる取引です。ですから，常時医療機関に在庫している医薬品や診療材料は医療機関のものではなく，医薬品の卸売り会社やSPD事務の請負会社のものになります。この方法ですと，医療機関の在庫リスクはなくなり，薬剤師と在庫管理の人件費を削減できますが，このSPDを採用するには相当程度の固定費負担が契約上謳われる例が多く，また，架空仕入れがないように患者への投与による消費量と購入量の突合せが必須となりますので，一長一短かも知れません。

最近の新薬は
高くなったなあ〜

5. 前 渡 金

　前渡金とは，棚卸資産や貯蔵品等の購入代金の先払いをしたもので，世間一般で言う手付金もこの前渡金と同じものです。購入代金の全部又は一部で，発注した物品の受領によって消滅するものですから，流動資産に計上されます。

　取得までに長期間を要する建物の代金の前渡金は，取得するものが固定資産であるため，建設仮勘定として固定資産に計上します。

6. 前払費用

　前払費用は経過勘定と言われ，次のように重要性の原則によって簡便な処理が認められています。

> 　前払費用，未収収益，未払費用及び前受収益のうち，重要性の乏しいものについては，重要性の原則の適用により，経過勘定項目として処理しないことができる。　　　　　　　　　　　　　　（運用指針 10）

　前払費用については準則で次のように説明しています。

> 　前払費用は，一定の契約に従い，継続して役務の提供を受ける場合，いまだ提供されていない役務に対して支払われた対価をいう。
> 　すなわち，火災保険料，賃借料等について一定期間分を前払した場合に，当期末までに提供されていない役務に対する対価は，時間の経過とともに次期以降の費用となるものであるから，これを当期の損益計算から除去するとともに貸借対照表の資産の部に計上しなければならない。前払費用は，係る役務の提供以外の契約等による前払金とは区別しなければならない。　　　　　　　　　　　　（準則注解21　1.）

　指針で重要性の原則の適用を示していますが，簡単な例として車の損害保険料を考えてみましょう。通常保険期間は1年間ですが，期首から期末までの1年間を保険期間としている契約は稀ではないかと思います。車の購入時期に対応していますので，そうしますと，期末時点では未経過の保険期間に対応する保険料が前払いとなります。しかし，金額的にはあまり重要ではなく，個々の保険契約ごとに日数による按分計算は余りに煩雑ですので，前払費用とするまでもないとしているのです。

　この前払費用は，その費用の効果の長短によって次のように区分掲記します。

前払費用については，貸借対照表日の翌日から起算して１年以内に費用となるものは，流動資産に属するものとし，１年を超える期間を経て費用となるものは，固定資産に属するものとする。未収収益は流動資産に属するものとし，未払費用及び前受収益は，流動負債に属するものとする。　　　　　　　　　　　　　　　　　　　　（準則注解10　5.）

7.　その他の流動資産

　　その他の流動資産として準則に例示されているのは次の科目です。

①　未 収 収 益

　　受取利息，賃貸料など時の経過に依存する継続的な役務提供取引において既に役務の提供は行ったが，会計期末までに法的にその対価の支払請求を行えない分の金額を指します。期末までに法的に債権が成立している場合には未収金が計上されます。

②　短期貸付金

　　金銭消費貸借契約等に基づく貸付取引のうち当初の契約において１年以内に受取期限の到来するものを言います。

③　役員従業員短期貸付金

　　役員，従業員に対する貸付金のうち当初の契約において１年以内に受取期限の到来するものを言います。

　　上記のほかに，立替金，仮払金などの債権で，１年以内の回収又は精算されるものがその他の流動資産になります。

3-4　固　定　資　産

1.　固定資産の意義

　固定資産とは，前出の営業循環基準による区分又は1年を超える期間に亘り事業の用に供されることによる区分で，物理的に使用される資産，投資回収される資産，そして費用化される資産が含まれる総称です。固定資産には，次のものが該当します。

　固定資産は，有形固定資産，無形固定資産及びその他の資産に区分しなければならない。

　建物，構築物，医療用器械備品，その他の器械備品，車両及び船舶，放射性同位元素，その他の有形固定資産，土地，建設仮勘定等は，有形固定資産に属するものとする。

　借地権，ソフトウェア等は，無形固定資産に属するものとする。

　流動資産に属さない有価証券，長期貸付金並びに有形固定資産及び無形固定資産に属するもの以外の長期資産は，その他の資産に属するものとする。　　　　　　　　　　　　　　　　　　　　　　　　（準則第19　2）

2.　固定資産の評価

　固定資産の評価に関しては，

1　固定資産（有形固定資産及び無形固定資産に限る。）については，次項及び第3項の場合を除き，その取得価額から減価償却累計額を控除した価額をもって貸借対照表価額とする。

2　固定資産（次条に規定する有価証券及び第 12 条第 1 項に規定する
　金銭債権を除く。）については，資産の時価が著しく低くなった場
　合には，回復の見込みがあると認められるときを除き，時価をもっ
　て貸借対照表価額とする。

3　第 1 項の固定資産については，使用価額が時価を超える場合には，
　前 2 項の規定にかかわらず，その取得価額から減価償却累計額を控
　除した価額を超えない限りにおいて使用価額をもって貸借対照表価
　額とすることができる。　　　　　　　　　　　　　（基準第 10 条）

としています。第 1 項は至極当然のことで，第 2 項は時価の著しい低下の
場合の処理を示しています。第 3 項は減損処理を示しており，**9-6** を参照
してください。

3.　減価償却について

　減価償却とは，長期に亘って使用する資産を費用化する手段です。建物
や機械，車両等の固定資産は使用されることで損耗していきます。その価
値の減少を時間の経過によって測定する方法で，使用可能期間又は量に
亘って費用を認識するのです。この減価償却では，あくまでも見込み又は
想定を前提にしていますので，使用可能期間経過後は当該資産が使用に耐
えない状態になることまでは想定していません。例として，一般的な自動
車の耐用年数は 6 年ですが，6 年経過した中古車の価格はゼロではなく，
市場価格が付いています。このように減価償却計算は仮定を前提にしてい
るのです。

　減価償却計算の方法にはいくつかありますが，代表的で且つ一般的に採
られている方法には次の方法があります。

① 定 額 法

　固定資産の耐用期間中，毎期均等額の減価償却費を計上する方法

② 定 率 法

　固定資産の耐用期間中，毎期期首未償却残高に一定率を乗じた減価償却費を計上する方法

　また，特殊な設備等，例えば油田設備や鉱山の鉱道などに適用される方法として生産高比例法があります。

　定額法及び定率法は時間に基づいて減価償却するのに対して，生産高比例法は活動量に基づいて減価償却する方法です。また，定額法は毎期一定額を償却するのに対し，定率法は加速度的償却になります。なお，無形固定資産の減価償却については定額法だけが認められています。減価償却に関して指針で次のように示しています。

　固定資産の減価償却方法は，重要な会計方針に係る事項に該当するため，減価償却方法を，例えば定率法から定額法へ変更した場合には，重要な会計方針の変更に該当することとなるが，固定資産の償却年数又は残存価額の変更については，重要な会計方針の変更には該当しない。しかし，この変更に重要性がある場合には，その影響額を会計基準第22条第8号の事項として注記するものとする。

　また，租税措置法による特別償却額のうち一時償却は，重要性が乏しい場合には，重要性の原則の適用により，正規の減価償却とすることができる。　　　　　　　　　　　　　　　　　　　　（運用指針8）

　固定資産の減価償却の方法には既述のように複数あり，方法によって償却額が異なることになりますので，その償却期間中に方法を変更しますと，償却額の増減に伴って利益に影響します。そこでもし償却方法を途中で変更した場合には，重要な会計方針の変更として取り扱うのです。

また，特別償却ですが，政策上の措置として通常の償却費以外に税務上損金と認められているもので，早期に償却費を計上することで税務負担を繰り延べる効果があります。法人にとっては有利になりますので，当然選択する特典です。

4. 有形固定資産

　有形固定資産とは，その名のとおり物理的なものが存在し，その使用によって便益を受けることができるものです。特に貸借対照表に計上する有形固定資産は，1年以上法人の事業の用に供することを目的として所有され，且つ資産計上基準に定める一定金額以上のものを言います。

① 建　　物

　診療棟，病棟，管理棟，職員宿舎などの建物と，その建物に付属する電気，給排水，空調，冷暖房，昇降機等の設備がこの建物になります。

② 構　築　物

　貯水池，門，弊，舗装道路，緑化施設，植栽などの建物以外の工作物及び土木設備であって土地に定着したものを言います。

③ 医療用器械備品

　治療，検査，看護など医療用の器械，器具，備品等を言います。特にこの医療用器械で注意しなければならないのは，ファイナンス・リースによって使用しているものには基準に定めているリース会計が適用されて，リース契約によって賃借している器械備品等が資産に計上されます。

④ その他の器械備品

　医療用器械備品に該当しない器械備品のことで，事務器械等が該当します。

⑤ 車両及び船舶

　医療法人特有の救急車，検診車，巡回用自動車，そして乗用車，船舶な

どが該当します。

⑥　土　　　地

　医療法人の事業活動に使用されている土地を言います。この土地の取得
に補助金が交付された場合には，病院の財産的な基礎となったとして当該
補助金を純資産の部に計上します。詳細は **9-4** を参照してください。

⑦　建設仮勘定

　建物等の有形固定資産の建設，拡張，改造などの工事が完了し稼動する
までに発生する請負前渡金，建設用資材部品の買い入れ代金などを計上す
ることになります。ただ，医療機関の特殊性として，診療棟や入院棟を建
て替える際には，患者がいる以上，診療行為を停止乃至は質の低下を来す
訳にはいきません。一般企業のように一時的に代替施設で凌ぐのは難しい
でしょう。新たな施設が完成するまで，仮設棟によって対応することにな
りますが，この仮設棟を固定資産として長期に亘って使用することを想定
しておりませんので，資産計上と耐用年数には注意をしなければなりませ
ん。

⑧　その他の有形固定資産

　医療法人の特殊性ですが，放射性同位元素があります。診療用の放射線
同位元素で，テクネチウムなどの放射線量の半減期が1年超のものを言い
ますが，実際の診療では照射時間の短縮のために半減期前に交換している
例があります。

　また，立木竹などの生物で1年を超えて生育するものなど，前掲の科目
に属さない資産もありますが，金額的に重要なものは独立した勘定科目で
表示します。

5. 無形固定資産

　無形固定資産とは，その字の如く形のないもので，法律上の権利や使用

権，経済的な優先度を示しています。準則では，

としています。

①　借　地　権

　借地権とは借地借家法に定める権利であって，地上権，賃借権など土地の所有者との契約によってその使用が認められるものです。この借地権取得のためには地域的な違いはありますが，土地の更地価額の50％強の金額を払うこともあり，相当の額になります。貸借対照表でも重要な勘定科目になります。

②　ソフトウェア

　最近導入されている先端技術を用いた医療器械の多くはコンピュータにより操作しています。このコンピュータを稼働させているのがプログラムであり，広くソフトウェアと呼ばれています。このソフトウェアの会計処理に関しては，**9-7** を参照してください。

③　その他の無形固定資産

　その他の無形固定資産としては，温泉権，特許権，工業所有権，商標権等があります。その他に電話加入権が挙げられますが，電話加入権に関しては，総務省，国税庁等で議論がありました。NTT のホームページにも記載されているように，権利としての価値がないとの意見があり，この点に関しては **9-6** を参照してください。

6. その他の資産

　有形固定資産や無形固定資産に属さない長期資産を言います。

① 有 価 証 券

　有価証券の評価に関しては **9-2** に記載してありますが，貸借対照表の固定資産の部に表示される有価証券は，国債，地方債，株式，社債，証券投資信託の受益証券などのうち満期保有目的の債券，その他有価証券及び市場価格のない有価証券が該当します。

② 長期貸付金

　金銭消費貸借契約等に基づく貸付取引のうち，当初の契約において1年を超えて回収期限の到来するものをいいます。様式ではⅰ）保有医療機関債，ⅱ）その他長期貸付金を示しています。

③ 役職員等長期貸付金

　役員，職員に対する貸付金のうち当初の契約において1年を超えて回収期限が到来するものを言います。短期貸付金と同様に独立科目での表示が求められています。例えば従業員等持ち家制度等の貸付金や，子弟の奨学貸付金等が考えられます。

④ 長期前払費用

　時の経過に依存する継続的な役務を享受する取引に対する前払分で，1年を超えて費用化される未経過分の金額を言い，前払費用で示してあります定義に該当するものを指します。

⑤ 繰延税金資産

　税効果会計を適用した際に計上される資産勘定で，詳細は **9-5** を参照してください。この資産の性格は，将来の納税額の先払いとすることで，回収可能性のある資産と考えるのです。

⑥ その他の固定資産

　関係団体に対する出資金，差入敷金，差入保証金など前掲の科目に属さないものを言います。但し，金額的に重要なものは独立した勘定科目で表示することになります。

3-5　流　動　負　債

流動負債とは,

> 　経常的な活動によって生じた買掛金, 支払手形等の債務及びその他
> 期限が1年以内に到来する債務は, 流動負債に属するものとする。
>
> （準則19　③.）

としており, 下記のように医療機関本来の運営によって生じたもの及び1
年以内に返済期限が到来するものを言います。

> 　買掛金, 支払手形その他流動負債に属する債務は, 医業活動から生
> じた債務とその他の債務とに区別して表示しなければならない。
>
> （準則第19　3.）

そして,

> 　買掛金, 支払手形, その他金銭債務の貸借対照表価額は, 契約に基
> づく将来の支出額とする。　　　　　　　　（準則第27　1.）

つまり確定債務なのです。

① **支　払　手　形**

　支払手形は, 債務の精算方法の1つとして手形を振り出して, その決済
期日に指定した金融機関の当座預金口座からの決済によって代金を支払う
ことを約するものです。

　但し, 手形の書類形式はとっていても, 借入金の方法として手形借入に
よるもの, 医療器械の購入代金の支払いとして振出した手形は, ここで言

う支払手形には該当しません。手形借入による場合は短期借入金として，器械の購入であれば設備支払手形等の表示が求められます。

 Reference

　支払手形には記載する金額によって印紙を貼ることになりますが，これが結構高いのです。1億円の手形を切りますと印紙代2万円，病院の建設代金のように高額になりますと，仮に20億円で40万円の印紙を手形に貼付しなければなりませんので，最近は支払手形での債務決済は少なくなりました。

　手形用紙には，受取人が裏書をして自己の債務の支払いのために第3者に裏書譲渡をする場合があり，これを回し手形と言います。手形の支払人の信用力が高いと金銭と同様の扱いとなり，次々と裏書されて流通します。そして裏書きをする余白がなくなりますと，白紙が追加されます。信用力のある手形には白が付くのです。これが転じて「箔が付く」（<u>値打ちが上がる</u>：大辞林）となったのです。信じますか？

② **買 掛 金**

　買掛金は，医薬品，診療材料，給食用材料など棚卸資産を購入することによって生じる債務です。

③ **短期借入金**

　法人外部の金融機関等，例えば医療金融公庫，独立行政法人福祉医療機構，市中金融機関等からの借入金で，当初の借入契約において返済期限が1年以内のものを言います。

④ **未 払 金**

　未払金は，器械，備品などの購入によって生じた債務及び，買掛金の対象とならない医業費用の発生による債務を言います。

⑤　未　払　費　用

　未払費用とは,

　　未払費用は, 一定の契約に従い, 継続して役務の提供を受ける場合, すでに提供された役務に対して, いまだその対価の支払が終わらないものをいう。

　　すなわち, 支払利息, 賃借料, 賞与等について, 債務としてはいまだ確定していないが当期末までにすでに提供された役務に対する対価は, 時間の経過に伴いすでに当期の費用として発生しているものであるから, これを当期の損益計算に計上するとともに貸借対照表の負債の部に計上しなければならない。また, 未払費用は, かかる役務提供契約以外の契約等による未払金とは区別しなければならない。

（準則注解21　3.）

としています。

⑥　未払法人税等

　医療法人は法人税法上では一般の事業会社と同様に納税義務が発生します。毎会計年度末から2月以内に確定申告納付をしなければなりません。その結果, 法人税, 法人住民税そして事業税が課税されますので, 当該年度の課税所得を計算して未払法人税等に計上します。

⑦　未払消費税等

　消費税は課税事業者である医療法人が, 患者等から受け取った仮受消費税額から薬品等の購入時や業務委託費の精算時に支払った仮払消費税額を控除した残額を, 納税義務者として未払消費税等として計上します。

　消費税には国税以外に地方消費税がありますので, 未払消費税等となっています。

　医療法人の消費税計算は一般の事業会社とは異なり, 課税売上割合等の

按分計算をすることになります。

⑧　前　受　金

　前受金とは，事業収益の前受額とされており，固定資産や有価証券の売却代金の前受額とは峻別することが求められています。

⑨　預　り　金

　預り金とは，患者等から一時的に金銭を預かった場合に計上する科目になります。入院の際に事前に入院保証金の名目で預かる例があります。退院時若しくは，毎月の定期的に請求する入院料の一部負担金並びに食事療養費標準負担金に充当するものです。診療費の未収発生を削減する一方法として一定の金額を預かるものです。

⑩　前　受　収　益

　前受収益とは，受取利息，賃貸料などのように時間の経過に依存する継続的な役務提供取引に対する前受分で，

　前受収益は，一定の契約に従い，継続して役務の提供を行う場合，いまだ提供していない役務に対し支払を受けた対価をいう。

　すなわち，受取利息，賃貸料等について一定期間分を予め前受した場合に，当期末までに提供していない役務に対する対価は時間の経過とともに次期以降の収益となるものであるから，これを当期の損益計算から除去するとともに貸借対照表の負債の部に計上しなければならない。前受収益はかかる役務提供契約以外の契約等による前受金とは区別しなければならない。

（準則注解21　2）

とされています。

⑪　○○引当金

　引当金の計上に関しては，

としており，発生主義に基づいて計上することになります。引当金の詳細
については **9-3** を参照してください。

⑫　その他の流動負債

　　上記以外に次の負債があります。金額的に大きな場合には，該当する勘
定科目で掲記することになります。

　　リース会計を適用した場合，資産に計上したリース資産の代金，つまり
リースの未経過期間に対応するリース料を未払債務として認識するのです。
この場合の計上区分は 1 年基準を適用し，リース債務として計上します。

　　従業員への給与等の支払時に徴収する源泉所得税，住民税及び社会保険
料，そして一時的に預かる給与から天引きした生命保険料や財形貯蓄等が
従業員預り金になります。

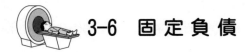

3-6　固 定 負 債

　　固定負債について，

としており，長期借入金と非経常的な取引によって生じた債務で，決済期限が1年を超えるものになります。

①　医療機関債

　医療機関債という債券は一般に聞くことはありませんが，医療法人が発行する独自の債券になります。医療法人自らの信用力に基づく資金調達法の1つになります。その発行の要件としては，税引前当期純損益が3年連続黒字などの財務内容のよい医療法人であれば，規模に関わりなく，たとえ1人医師医療法人であっても利用できる制度です。この債券の購入者は，医療法人をよく知る地域住民や取引先，銀行等で，証券会社を介在させず，直接，医療法人が資金調達をできるもので，小規模（数千万円〜5億円程度）の資金調達に利用されています。

　仕組みはシンプルで，購入者に資金を払い込んでもらい，医療機関債の証書を交付し，約束した期間満了時に証書と交換に元金を返済するのです。満期までの期間に約定した利息を購入者に支払うことで，法律的には金銭の貸借契約，それも同一条件で複数人と交わす金銭消費貸借契約になります。

　この起債による資金使途は，資産の取得に限られており，医療法人が公認会計士等の外部監査を受ければ，金融商品取引法に基づき発行総額や購入人数の制約はなくなりますが，外部監査を受けない場合は，発行総額1億円未満且つ購入人数49人（50人以上ですと金融商品取引法に抵触しますので）以下に制約されます。医療法人の地域連携を考えますと，院内に案内ポスターを掲示する等で資金的な協力を得る方法になります。

②　長期借入金

　金融機関等，医療金融公庫，独立行政法人福祉医療機構からの借入金で，

当初の借入契約において返済期限が1年を超えるものを言います。

③ 繰延税金負債

税効果会計を適用した結果，税務申告上将来の納税額となる額を支払債務と認識して，負債の部に計上するのです。税効果会計の詳細については**9-5**を参照してください。

④ ○○引当金

固定負債に計上する引当金としては退職給付引当金があります。多くの退職金が1年超過後に支給されるものであるため固定負債に計上することになります。引当金の詳細については**9-3**を参照してください。

⑤ その他の固定負債

その他の固定負債としては，長期未払金，役員従業員長期借入金等があります。ただし，金額が大きい場合には重要性の観点から独立した勘定科目で表示します。

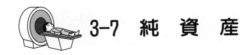

3-7　純　資　産

1. 純資産の意義

従来資本の部として表示していた箇所が，会計基準の改訂によって「純資産の部」となりました。この純資産については次のように課題が多いことを述べています。

> 純資産の会計は，当該医療法人の特質が如実に表れる部分である。医療法人は，純資産の会計処理に影響を与える異なる類型が存在するので，他の法人の会計基準の内容を準用することは困難で，明確な会

計慣行も確立しておらず，様々な会計処理方法を行っているのが現状である。 (検討報告書3)

貸借対照表の資産総額から負債総額を差し引いた金額が純資産になります。と，言ってしまいますと話は終わってしまいます。

……純資産の部を出資金，基金，積立金及び評価・換算差額等に区分するものとする。 (基準第8条後段)

この純資産の中には2種類の項目が含まれます。従来の資本の部では，出資金，資本剰余金そして出資者に帰属する利益の剰余分である利益剰余金で構成されていました。

貸借対照表の構造から考えてみますと，単純ではありますが資産−負債＝純資産です。医療法人が所有するすべての資産の取得財源は，1つには借入金等の負債ですが，その他の財源が純資産です。純資産は財産の寄付又は出資，そして稼得した利益部分，それに資産・負債の評価差額によって構成されています。基準には出資金と基金という科目が掲げられていますが，これは医療法人の法人形態によって異なる勘定科目が計上されるのです。1−2 で医療法人の類型を見てください。財団と社団があると説明していますが，財団とは財産が寄付されることで設立されるのに対して，社団は一定の目的の下に結合した人の集合体としており，ここには出資という概念が生じるのです。

資本の部と純資産の部は微妙に違うのだね！

資本の部　純資産の部

2. 出 資 金

出資金に関しては，

> 出資金には，持分の定めのある医療法人に社員その他法人の出資者
> が出資した金額を計上する。　　　　　　　　　　　（基準第13条）

としており，持分のある社団医療法人の純資産の部に計上されます。そして出資金の取り扱いに関しては，

> 出資金には，社員等が実際に払込みをした金額を貸借対照表の純資
> 産の部に直接計上し，退社による払戻しが行われた場合には，当該社
> 員の払込金額を直接減額することとする。　　　　　（運用指針13）

としています。

3. 積 立 金

積立金には多様な内容を持つものがあります。

> 積立金は，各会計年度の当期純利益又は当期純損失の累計額から当
> 該累計額の直接減少額を差し引いたものとなるが，その性格により以
> 下のとおり区分する。
> 　①　医療法人の設立等に係る資産の受贈益の金額及び持分の定めの
> 　　　ある医療法人が持分の定めのない医療法人へ移行した場合の移行
> 　　　時の出資金の金額と繰越利益積立金等の金額の合計額を計上した
> 　　　設立等積立金
> 　②　基金の拠出者への返還に伴い，返還額と同額を計上した代替基
> 　　　金
> 　③　固定資産圧縮積立金，特別償却準備金のように法人税法等の規

定による積立金経理により計上するもの

④　将来の特定目的の支出に備えるため，理事会の議決に基づき計上するもの（以下「特定目的積立金」という。）

　　なお，特定目的積立金を計上する場合には，特定目的積立金とする金額について，当該特定目的を付した特定資産として，通常の資産とは明確に区別しなければならない。

⑤　上記各積立金以外の繰越利益積立金

　　なお，持分の払戻により減少した純資産額と当該時点の対応する出資金と繰越利益積立金との合計額との差額は，持分払戻差額積立金とする。この場合，マイナスの積立金となる場合には，控除項目と同様の表記をする。　　　　　　　　　　（運用指針14）

上記のように積立金がその内容によって純資産に計上されます。

①　設立等積立金

改正された医療法の趣旨に従って持分に係る取り扱いを変更した場合に計上されるものです。

②　代替基金

基金の拠出者に返還をした場合の処理によって計上する勘定科目です。

③　固定資産圧縮積立金

法人税法の特典を生かすために採る会計処理によって計上されるものです。

④　特定目的積立金

繰越利益から特定の事業目的の達成のためにその目的名称を付したもので，積立金本来の在り方と考えられます。

⑤　繰越利益積立金

　前期までの稼得利益を計上する科目ですが，持分の返還に伴う払戻分を
持分払戻差額積立金として計上します。

4．評価・換算差額等

　出資や稼得利益ではなく，資産や負債の評価差額を計上するものです。

①　その他有価証券評価差額金

　有価証券のうち，満期保有目的の債券は償却原価法で評価し，売買目的
（この目的で保有することは考え難いのですが）の有価証券の評価損益は
損益計算書に計上します。その他有価証券の年度末の含み損益は，損益計
算書には計上されず，貸借対照表の純資産の部に直接計上されることにな
ります。この含み損益，即ち評価差額はプラスであろうとマイナスであろ
うと，いずれもこの純資産に計上されることになります。そして毎年度末
に洗替方式によって毎年度末の評価差額を純資産に反映するのです。

②　繰延ヘッジ損益

　有価証券や外貨建て取引，金銭の貸借取引で，将来の価格変化や為替
レートの変動，金利の変動による損失を回避（ヘッジ）するために先物取
引やスワップ取引を結ぶことがあります。先物取引は一定の約定に基づい
て将来の売買価格を決めるもの，スワップ取引は同じ通貨間で固定金利と
変動金利などの異なる種類の金利を交換する金利スワップと異種通貨間の
異なる種類の金利を交換する通貨スワップがあります。いずれも将来の損
失を回避する目的で約定しているため，ヘッジ取引と言われます。どちら
も将来の約定価格と期末時点での価格の乖離によって含み損益が生じます
が，約定日迄は損益が実現しませんので，この勘定を使って約定日まで繰
り延べるのです。そのため，損益計算書に計上する損益とはせず，一時的
に純資産に計上するのです。この差額勘定を純資産，つまり貸方に（含み

損であればマイナス勘定になりますが）計上する訳ですから，一方の借方のヘッジ対象資産も同様に評価替えが行われています。

将来の借入金利が上がると聞いたので，
金利スワップ契約をしたのに，
借入金利は下がる一方で
ヘッジ取引なんかしなければよかった！

3-8　貸借対照表の表示

　貸借対照表は様式第一号に従って作成されますが，この様式に記載されている勘定科目に計上額がない場合には当該勘定科目を削除し，一方，重要性ある勘定残高がある場合には，様式の科目に追加して表示することを妨げません。貸借対照表の有用性を担保するための措置と考えられます。

　様式は次ページをご覧ください。

様式第一号

法人名 _____ ※医療法人整理番号 ☐☐☐☐☐
所在地 _____

貸 借 対 照 表
（平成 　年 　月 　日現在）

（単位：千円）

資　産　の　部			負　債　の　部		
科　　目	金　額		科　　目	金　額	
I　流　動　資　産	×××		**I　流　動　負　債**	×××	
現 金 及 び 預 金	×××		支 　払 　手 　形	×××	
事 業 未 収 金	×××		買 　　掛 　　金	×××	
有 価 証 券	×××		短 期 借 入 金	×××	
た な 卸 資 産	×××		未 　　払 　　金	×××	
前 　渡 　金	×××		未 払 費 用	×××	
前 払 費 用	×××		未 払 法 人 税 等	×××	
繰 延 税 金 資 産	×××		未 払 消 費 税 等	×××	
その他の流動資産	×××		繰 延 税 金 負 債	×××	
II　固　定　資　産	×××		前 　受 　金	×××	
1 有 形 固 定 資 産	×××		預 　り 　金	×××	
建 　　　　物	×××		前 受 収 益	×××	
構 　築 　物	×××		〇 〇 引 当 金	×××	
医 療 用 器 械 備 品	×××		その他の流動負債	×××	
その他の器械備品	×××		**II　固　定　負　債**	×××	
車 両 及 び 船 舶	×××		医 療 機 関 債	×××	
土 　　　　地	×××		長 期 借 入 金	×××	
建 設 仮 勘 定	×××		繰 延 税 金 負 債	×××	
その他の有形固定資産	×××		〇 〇 引 当 金	×××	
2 無 形 固 定 資 産	×××		その他の固定負債	×××	
借 　地 　権	×××		負 債 合 計	×××	
ソ フ ト ウ ェ ア	×××		純　資　産　の　部		
その他の無形固定資産	×××		科　　目	金　額	
3 そ の 他 の 資 産	×××		**I　基　　　　金**	×××	
有 価 証 券	×××		**II　積　立　金**	×××	
長 期 貸 付 金	×××		代 替 基 金	×××	
保有医療機関債	×××		〇 〇 積 立 金	×××	
その他長期貸付金	×××		繰越利益積立金	×××	
役職員等長期貸付金	×××		**III　評価・換算差額等**	×××	
長 期 前 払 費 用	×××		その他有価証券評価差額金	×××	
繰 延 税 金 資 産	×××		繰延ヘッジ損益	×××	
その他の固定資産	×××				
			純 資 産 合 計	×××	
資 産 合 計	×××		負債・純資産合計	×××	

（注）　1．表中の科目について、不要な科目は削除しても差し支えないこと。また、別に表示することが適当で
　　　　　あると認められるものについては、当該資産、負債及び純資産を示す名称を付した科目をもって、別に
　　　　　掲記することを妨げないこと。
　　　　2．社会医療法人及び特定医療法人については、純資産の部の基金の科目を削除すること。
　　　　3．経過措置医療法人は、純資産の部の基金の科目の代わりに出資金とするとともに、代替基金の科目を
　　　　　削除すること。

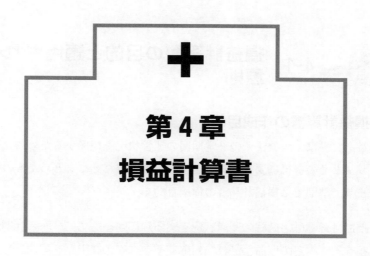

第4章
損益計算書

　医療法人の財務書類を構成する主要な計算書類は，貸借対照表と損益計算書になります。この2つの書類は車の両輪に例えられ（第3章でも同じことを言っていますが），片方の車輪がこの損益計算書になります。英語で言いますと，Profit and Loss Statement で，利益と費用・損失を表示する計算書になり，通常はP/Lと言います。

　この損益計算書では，その医療法人の運営状況を事業の内容によって区分して表示していますので，その区分方法についての理解が必要です。

4-1 損益計算書の目的と適用される原則

1. 損益計算書の作成目的

　損益計算書は，医療法人の一定期間の運営状況を把握するために，稼得した収益とその稼得に要した費用を，一覧性を持たせてまとめたものです。

　つまり，準則では損益計算書の作成目的を，

　　損益計算書は，病院の運営状況を明らかにするために，一会計期間に属するすべての収益とこれに対応するすべての費用とを記載して当期純利益を表示しなければならない。　　　　　　　　　　（準則第 28）

と説明していますが，これは医療法人であっても同様です。

Reference

　非営利法人である医療法人が，損益計算書を作成することには何となく釈然としませんよね！　損益計算書は本来営利企業のための計算書類であり，収益とそれに対する費用を集計して利益を算出し，併せて出資者への分配可能利益を算出する目的を持っていました。私立学校が準拠すべき文部科学省令の学校法人会計基準では，損益計算書ではなく収支計算書の作成を求めており，利益概念はありません。

　しかし，1990 年代より非営利団体に対しても，損益計算書の作成を求めるようになってきました。2002 年に法人化された独立行政法人，2004 年に法人化された国立大学法人でも損益計算書の作成が求められたのです。損益計算書の性格が変わってきたのでしょう。

2. 収益と費用の定義

（1） 収益の定義

　収益とは，組織の外部に提供した財貨又は役務の対価として受け取った経済的な価値であり，それを貨幣額で示したものです。医療法人における収益に関しては，

> 　収益とは，施設としての病院における医業サービスの提供，医業サービスの提供に伴う財貨の引渡し等の病院の業務に関連して資産の増加又は負債の減少をもたらす経済的便益の増加である。
>
> （準則第29）

としており，この準則が施設会計である点を先ず述べ，病院の診療行為とそれに関連するサービスの提供によって，資産の増加又は負債の減少をもたらすものを収益としているのです。医療法人に関してもこの収益に関しては同じ考え方になるのです。

（2） 費用の定義

　費用とは，財貨又は役務が費消されて，その後の活動にはもはや貢献しなくなった部分を貨幣額で示したものです。病院における費用に関しては，

> 　費用とは，施設としての病院における医業サービスの提供，医業サービスの提供に伴う財貨の引渡し等の病院の業務に関連して資産の減少又は負債の増加をもたらす経済的便益の減少である。
>
> （準則第30）

としており，病院の診療行為と病院の維持運営業務に伴って発生する資産の減少又は負債の増加をもたらすものを費用としているのです。医療法人が運営している各施設の費用に関しても同様に解します。

（3）資本取引

　会計上資本取引とされるものは，収益・費用を構成しません。病院会計は施設会計であり，別途開設主体が想定されている会計基準ですので，この資本取引に関しても次のように示しています。

　収益または費用に含まれない資本取引には，開設主体外部又は同一開設主体の他の施設からの資金等の授受のうち負債の増加又は減少を伴わない取引，その他有価証券の評価替え等が含まれる。

（準則注解 19）

　病院では損益取引以外に純資産が増減する取引が想定されており，そのような取引を資本取引に含めて，損益計算に算入しないように手当をしています。

　医療法人では，法人内の取引はお互いに相殺しますので，ここでいう資本取引は外部からの拠出，返還及び寄付行為による純資産の増減をもたらす取引となります。

3. 損益計算書の作成に係る原則

　医療法人会計基準では，独立行政法人や国立大学法人等の会計基準に比べて極めてシンプルな内容になっています。基準に定めがない部分は，一般に公正妥当と認められた会計慣行に準拠するという建て付けのためです。

　では，どのような原則があるのでしょう。

（1）　発生主義の原則

　収益・費用の基本的な認識基準には，現金主義と発生主義とがあります。診療報酬を考えてみますと，医師が診療行為を行った後に診療代金を受け取った時点で収益を認識するのが現金主義による考え方であり，この考え方の典型例が単式簿記によっている日本の官庁会計になります。一方，診

療を行った時点で現金の収受如何に拘わらず，診療債権（請求権）が生じた時点で診療報酬額を認識するのが発生主義による考え方になります。また，医薬品費の計上では，その代金を払った時点で医薬品費を認識するのが現金主義による考え方であり，医薬品を仕入れた時点で支払債務を認識するのが発生主義による考え方です。

（2） 実現主義の原則

　この原則は収益の計上を認識する際に適用される原則です。上記に記載のとおり，診療行為によって医療者と患者との間に債権・債務が成立した時点で収益を認識するのです。患者は医療費を払わなければならないと認識し，医療者は患者に対して請求債権を認識した時点なのです。では費用の計上ではどうなのでしょうか。電気代金のように継続的に使用している場合，検針時点で使用量が確定して電気代を請求されますが，実は電気代は使用しているその時点で費用は発生しているのです。この発生を認識して費用を計上する，これが発生主義の原則になるのです。収益は確実性を求めるために実現主義によっているのです。

　すべての費用及び収益は，その支出及び収入に基づいて計上し，その発生した期間に正しく割当てられるように処理しなければならない。ただし，未実現収益は原則として，当期の損益計算に計上してはならない。

　前払費用及び前受収益は，これを当期の損益計算から除去し，未払費用及び未収収益は，当期の損益計算に計上しなければならない。

(準則第32)

　このように準則で定めています。薬剤部から病棟へ薬品が払い出されただけでは，患者に投与されてはいませんので，医薬品費は計上されません。

（3） 総額主義の原則

　医療施設が行う診療行為の全体像を的確に示すために，費用及び収益は相殺せずに，総額で表示することを求めています。

　費用及び収益は，原則として，各収益項目とそれに関連する費用項目とを総額によって対応表示しなければならない。費用の項目と収益の項目とを直接に相殺することによってその全部又は一部を損益計算書から除去してはならない。　　　　　　　　　　　　　　　（準則第33）

　この総額表示によって，当該医療機関が行っている診療行為の規模が数値によって示されることになります。

（4） 費用収益対応の原則

　損益の計算においては，一会計期間の収益を認識し，それを稼得するために費消された費用を対応させる，費用収益の対応関係を明らかにするのです。つまり，本来業務事業の事業収益に対する事業費用は直接的な対応関係から，事業外収益の受取利息や事業外費用の支払利息は間接的な期間の対応関係によって表示しているのです。

　費用及び収益は，その発生源泉に従って明瞭に分類し，各収益項目とそれに関連する費用項目とを損益計算書に対応表示しなければならない。　　　　　　　　　　　　　　　　　　　　　　　（準則第34）

　この費用収益を対応させた表示によって，事業損益を構成する本来業務事業損益，付帯業務事業損益，収益業務事業損益，そして事業外収益と事業外費用を含んだ医療法人の経常損益，そして特別利益と特別損失を含む医療法人に帰するべき当期純損益を表示することになるのです。

収益と費用の対応関係が説明できないとね！

収益　　費用

4-2　損益計算書の区分表示

1. 損益計算書の区分表示について

　損益計算書は，単に収益と費用を羅列したものではなく，医療法人の諸活動を関連付けて表示するものです。当然損益計算書の読者に，医療法人の運営状況がわかり，法人の理事者にはその効率化の方策を立てるための情報やヒントを提供できるものでなければなりません。そのために，収益と費用を整理して，その対応関係を明らかにするように，区分して表示されます。

> 　損益計算書は，当該会計年度に属するすべての収益及び費用の内容を明確に表示しなければならない。　　　　　　　　　　　　（基準第 17 条）

　損益計算書の明瞭表示を示しており，その内容を次のように定めていま

す。

> 損益計算書は，事業損益，経常損益及び当期純損益に区分するもの
> とする。 (基準第 18 条)

損益計算書の大きな区分を示しています。この区分は企業会計で一般的に採用されています。そして各損益区分に関しては次のように定めています。

4-3　事業損益の区分

事業損益ですが，

> 事業損益は，本来業務事業損益，附帯業務事業損益及び収益業務事業損益に区分し，本来業務（医療法人が開設する病院，医師若しくは歯科医師が常時勤務する診療所又は介護老人保健施設に係る業務をいう。），附帯業務（医療法人が行う法第 42 条各号に掲げる業務をいう。）又は収益業務（法第 42 条の 2 第 1 項に規定する収益業務をいう。以下同じ。）の事業活動（次条において「事業活動」という。）から生ずる収益及び費用を記載して得た各事業損益の額及び各事業損益の合計額を計上するものとする。 (基準第 19 条)

と，事業損益を 3 区分することを定めています。そしてこの 3 区分の詳細な内容を次のように説明しています。

> 事業損益は，病院，診療所又は介護老人保健施設に係る本来業務事

業損益，法第 42 条各号に基づいて定款又は寄付行為の規定により実施している付帯業務に係る付帯業務事業損益又は法第 42 条の 2 第 1 項に基づいて定款又は寄付行為の規定により実施している収益業務に係る収益業務事業損益に区分して損益計算書に記載することするが，付帯業務又は収益業務を実施していない場合には，損益計算書の当該区分は省略することとする。　　　　　　　　　　　　　（運用指針 16）

医療法人の本業である事業損益を 3 つに区分にしています。医療行為を行う事業を本来業務事業損益としています。

そして各事業ごとに収益と費用を対応させています。

損益計算書において，事業損益は，本来業務，付随業務又は収益業務に区分し，事業外損益は，一括して表示する。事業損益を区分する意義は，法令で求められている付随業務及び収益業務の運営が本来業務の支障となっていないかどうかの判断の一助とすることにある。したがって，施設等の会計基準では医業外損益とされている帰属が明確な付随的な収益又は費用についても，この損益計算書上は，事業収益又は事業費用に計上するものとする。ただし，資金調達に係る費用収益は，事業損益に含めないこととする。　　　　　　（運用指針 18）

このように事業収益を 3 区分しているのは，付随業務並びに収益業務の運営状況が本来業務の運営に支障になっていないかを数値上から判断する資料として有用としているのです。また，施設等の会計基準とは病院会計準則を指しており，この準則では付随的な業務は営業外としているため，病院等の設置者である医療法人の損益計算書にまとめる際にはこの調整が必要になります。

さて，3 区分の内容に移りますが，最初は「本来業務」と言っているよ

うに，医療法人の本来の業務である医療行為に係る事業になります。法人が設置している病院，診療所等の本業の収益・費用を集計することになります。

　次に附帯業務ですが，医療法第42条に定める事業になり，次の各号に定める業務になります。

① 医療関係者の養成又は再教育
② 医学又は歯学に関する研究所の設置
③ 医師若しくは歯科医師が常時勤務する診療所以外の診療所の開設
④ 疾病予防のために行う有酸素運動を行わせる施設であって，診療所が設置され，且つ，その職員，設備及び運営方法が厚生労働大臣の定める基準に適合するものの設置
⑤ 疾病予防のために温泉を利用させる施設であって，有酸素運動を行う場所を有し，且つ，その職員，設備及び運営方法が厚生労働大臣の定める基準に適合するものの設置
⑥ 前各号に掲げるもののほか，保健衛生に関する業務
⑦ 社会福祉法第2条第2項及び第3項に掲げる事業のうち厚生労働大臣が定めるものの実施
⑧ 老人福祉法第29条第1項に規定する有料老人ホームの設置

　上記の業務を定款又は寄付行為に定める規定に基づいて実施している付帯事業に係る収益・費用を付帯業務事業損益区分にまとめることになります。

　最後に収益業務ですが，医療法第42条の2第1項に基づいて行う事業とは，社会医療法人が開設する病院，診療所，介護老人保健施設又は介護医療院の行う業務に支障のない限り，定款又は寄付行為の定めるところにより，その収益を当該医療法人が開設する病院，診療所，介護老人保健施設又は介護医療院の経営に充てることを目的として，厚生労働大臣が定める

業務です。これを収益事業として収益業務事業損益に区分して表示します。

　なお，付帯事業又は収益事業を実施していない場合には，損益計算書の
当該区分は記載を省略することになります。

1. 経常損益

　前述の基準第18条で，事業損益に続いて経常損益を規定していますが，
これは企業会計での営業損益に続いて営業外損益を挙げているのに対応し
ています。この経常損益に関して，

> 　経常損益は，事業損益に，事業活動以外の原因から生ずる損益で
> あった経常的に発生する金額を加減して計上するものとする。
>
> （基準第20条）

としており，経常的に発生はするものの事業活動以外から生ずる収益及び
費用であり，事業外収益と事業外費用で構成されます。また，事業損益の
ように区分することなく一括して表示します。

2. 当期純利益

　当期純利益については，

> 　当期純利益は，経常損益に，特別損益として臨時的に発生する損益
> を加減して税引前当期純利益を計上し，ここから法人税その他利益に
> 関連する金額を課税標準として課される租税の負担額を控除した金額
> を計上するものとする。
>
> （基準第21条）

としています。当期純利益の区分と言いますとわかりにくいのですが，企
業会計で言えば特別損益と法人税等を表示している部分となります。臨時
的と言っているのは，経常的に毎期反復して計上されることが想定されな

い事象による取引を表しています。「課税標準」という用語が出てきますが，この用語は税法上の言葉であり，税額を算出する際の基礎となる課税対象を言います。多くの場合は，課税客体（課税の対象となる事実のことですが）となるのは，担税力を考えて利益額が対象になります。ですから，法人税を始め住民税，事業税などは当期純利益を基礎として，それに税務上の諸々の加減算を行って課税所得を算出し，それに税率を乗じて納付すべき税額を計算するのです。

　次ページに損益計算書の様式を示します。この様式を見ながら次節に進みます。

様式第二号

法人名 _____　※医療法人整理番号 □□□□□
所在地 _____

損　益　計　算　書
（自　平成　年　月　日　至　平成　年　月　日）

(単位：千円)

科　　　　　目	金	額
Ⅰ　事　業　損　益		
A　本来業務事業損益		
1　事　業　収　益		×××
2　事　業　費　用		
（1）事　業　費	×××	
（2）本　部　費	×××	×××
本来業務事業利益		×××
B　附帯業務事業損益		
1　事　業　収　益		×××
2　事　業　費　用		×××
附帯業務事業利益		×××
C　収益業務事業損益		
1　事　業　収　益		×××
2　事　業　費　用		×××
収益業務事業利益		×××
事　業　利　益		×××
Ⅱ　事　業　外　収　益		
受　取　利　息	×××	
その他の事業外収益	×××	×××
Ⅲ　事　業　外　費　用		
支　払　利　息	×××	
その他の事業外費用	×××	×××
経　常　利　益		×××
Ⅳ　特　別　利　益		
固定資産売却益	×××	
その他の特別利益	×××	×××
Ⅴ　特　別　損　失		
固定資産売却損	×××	
その他の特別損失	×××	×××
税　引　前　当　期　純　利　益		×××
法人税・住民税及び事業税	×××	
法　人　税　等　調　整　額	×××	×××
当　　期　　純　　利　　益		×××

(注)　1．利益がマイナスとなる場合には、「利益」を「損失」と表示すること。
　　　2．表中の科目について、不要な科目は削除しても差し支えないこと。また、別に表示することが適当で
　　　　あると認められるものについては、当該事業損益、事業外収益、事業外費用、特別利益及び特別損失を
　　　　を示す名称を付した科目をもって、別に掲記することを妨げないこと。

 ## 4-4 事業損益

　前述のとおり，事業損益は３区分に分けて表示します。まず本来業務を見てみましょう。前ページの様式第二号では，事業収益，事業費用共に計上すべき勘定科目名を示していません。また，基準でも，指針でも示していません。但し，事業費用に関しては，下記に示す様式第九の一号の事業費用明細表で中科目を表示しています。

（様式第九の一号）

（単位：千円）

区　　分	本来業務事業費用			附帯業務事業費用	収益業務事業費用	合計
	事業費	本部費	計			
材料費						
給与費						
委託費						
経費						
売上原価						
その他の事業費用						
計						

　実は，検討報告書において，医療法人会計基準では損益計算書の細かな内容については何も示していないため，病院会計準則等での基準を考慮して設定すべきであるとしています。病院会計準則では別表として「勘定科目の説明」を詳細に示しています。この趣旨に従って，ここでは病院会計

準則の内容に準拠しつつ，説明することにします。

1. 本来業務事業損益の事業収益

　医療法人の本業に係る収益及び費用を計上します。事業収益には，患者が自己負担する診療費等と各種保険機関，国，自治体等が負担する治療費等がありますが，それを診療方法の形態よって収益を区分表示しています。事業収益の計上は，あくまでも発生主義によって認識しますので，患者の自己負担分及び保険機関とからの支払われた時点で計上するのではなく，診療行為が行われた時点で収益を認識することになります。但し，保険支払基金等への請求事務等の理由で実務的な対応がなされていますが，その説明は後述の（**7**）を参照してください。

（1）　入院診療収益

　入院患者の診療，療養に係る収益で，患者自己負担分と保険給付分があります。

（2）　室料差額収益

　特定療養費の対象となる特別の療養環境の提供による収益で，いわゆる病院の特別室，個室等の入院差額負担分です。

（3）　外来診療収益

　入院患者以外に，毎日多くの患者が病院に足を運んでいますが，この日々の受診を受けるのが外来診療になり，その収益が外来診療収益になります。

（4）　保険予防活動収益

　保健予防活動とは，各種の健康診断，人間ドッグ，予防接種，妊産婦保健指導等の活動を言い，この医療サービスの受診者の自己負担額と勤務先法人，健保組合，自治体からの収益を保健予防活動収益として計上します。

（5）　受託検査・施設利用収益

　他の病院，診療所等の医療機関からの検査受託，及び所有する医療検査設備等を他の病院，医療機関に利用させることで得る収益を言います。

（6）　その他の医業収益

　診断書等の文書作成料と施設介護及び短期入所療養介護以外の介護報酬，その他上記の収益に属さない医療行為による収益を言います。

（7）　保険等査定減

　日本の医療は国民皆保険制度であり，すべての国民は各種の健康保険制度の下で被保険者となって，その給付を受けています。限られた診療行為についてはなお保険の適用になっていないものもありますが，ほとんどの疾病・傷害が健康保険の給付の対象となっています。この保険給付の請求ですが，ほとんどの場合には診察した病院等で請求事務を処理しており，患者としてはその仕組みが見えないところで保険の恩恵に浴しています。

　通常の保険診療報酬の請求事務は，当月分のレセプト（診療報酬明細書）を翌月10日までに計算して，各支払機関に対して請求します。保険には健康保険以外にも，公費負担分，公害医療，労働災害保険，自動車損害賠償責任保険，介護保険等がありますが，請求額の多くを占めている健康保険ですと，診療月から2月以内に保険給付の支払いがあります。その際に請求額全額が入金されるのではなく，支払基金側の査定を受け，その給付額の減額を受けることがあります。その減額理由が，請求書の補完で再請求できる場合にはこの査定減は生じませんが，診療内容，薬品の投薬量や医療材料の使用量に関して査定担当者と意見の相違に基づくものがあります。査定担当者は疾病ごとに標準的な治療方法を前提にしていますので，症状詳記によって再請求をしても認められない場合があり，その金額がこの査定減となります。

　実際に再請求不可能な減額を受けた際の会計処理としては，事業収益を

減額することになります。つまり保険診療分に対応する当該診療行為はなかったことにするのですが，患者より受領している自己負担分については，病院として患者に対して受領した金額相当の診療行為は行ったのですから，原則として返戻しません（患者に払戻請求権があるとの説もあります。）。

　毎月の診療報酬の請求事務とその会計処理ですが，発生主義によれば診療時点での収益計上になります。しかし，保険診療分に対しては，請求時点でその請求額を前月の診療収益に計上する方法が多くの病院で採られています。また，支払基金より返戻されたレセプト分の処理方法には2〜3通りありますが，処理の簡便性からしますと，返戻時に一旦診療収益を取り消して，医療未収金も併せて取り消します。

（借方）　保険等査定減　　　　　　　（貸方）　医業未収金
　　　　　（診療収益）

　そして，レセプトの不備で返戻されたものはその内容を症状詳記等によって補完して，再請求時することになります。この時には再度診療収益と医療未収金を計上します。その際には上記の仕訳の逆仕訳をします。この方法ですと，医療事務の簡素化が図れるのです。

せっかく治療したのに，
支払基金から査定された！

2. 本来業務事業損益の事業費用

医療法人の本業である本来業務事業収益を稼得するための原価に相当するのが事業費用のうちの事業費になります。この事業費は発生主義によって認識して計上することになり，収益との対応関係を意識して，発生した期間に帰属させて損益計算書に計上します。

（1） 材 料 費

① 医 薬 品 費

投薬用薬品，注射用薬品，外用薬，検査用試薬，造影剤等の費消額を示します。

② 診療材料費

医療材料として，カテーテル，施術時の縫合糸，医療用酸素，ギブス粉，レントゲンフィルム等1回ごとに消費する診療材料の費消額を言います。

③ 医療消耗器具備品費

診療，検査，看護，給食等の医療用の器械器具及び固定資産に計上しない放射性同位元素の費消額を言います。

④ 給食材料費

患者給食のために費消した食材の費消額を言います。ここでは入院患者を始めとする，いわゆる病院食を提供するための食料材料費であり，病院の従業員に提供されている食事のための給食材料費は，ここで言う給食材料費には含まれません。

（2） 給 与 費

医療法人に勤務する役員，医師，事務職員等に支払われる人件費を計上します。

① 給 料

直接業務に従事する役員，従業員に対する給料，手当を言います。

② 賞　　与

　直接業務に従事する従業員に対する確定済み賞与のうち，当該会計期間に係る部分の金額を言います。

③ 賞与引当金繰入額

　直接業務に従事する従業員に対する翌会計期間に確定する賞与の該当会計期間に係る部分の見積額を言います。

④ 退職給付費用

　直接業務に従事する従業員に対する退職一時金，退職年金等将来の退職給付のうち，当該会計期間の負担に属する金額を言います。この退職給付は，従業員を雇用することによって負担すべき労務債務を計上するものです。詳細は **9-3** を参照してください。

⑤ 法定福利費

　直接業務に従事する役員，従業員に対する健康保険法，厚生年金保険法，雇用保険法，労働者災害補償保険法，各種の組合法に基づく事業者負担分を言います。このような保険等の保険料・掛け金は従業員の負担分と合わせて社会保険事務所等に納入することになります。

（3）委　託　費

　医療法人は高度な医療器械を備えて診療に当たっていますが，多岐に亘る業務があるため，その多くを外部に委託しています。その間には，法人独自に当該業務を内製化するか，外部に委託するかの検討をした結果，法人の運営上外部委託が有利となる場合が多く，その委託にかかる費用負担額を委託費として計上することになります。

① 検査委託費

　血液検査等患者より採取した検体を外部の検査機関に依頼することによって負担する費用です。

② 給食委託費

　病院では入院患者に対して術前術後の栄養管理に基づき，食事を提供することになります。入院を経験した方はご存知でしょうが，病院食と言われるように，何とも味気ない食事を口にされたことと思います。この食事の供給を外部に委託している例が多くなっていますが，その委託費を給食委託費に計上することになります（最近の病院食はかなり美味しくなったと聞きます）。

③ 寝具委託費

　入院患者が使用するマットレス，毛布，ベットシーツ等の寝具の供給を外部に委託する費用で，多くの医療機関が現実に利用しています。医師・看護婦の白衣や手術着の洗濯が同時に行われることが多いかと思いますが，この費用の範囲には含まれません。

④ 医事委託費

　毎月保険診療報酬の請求事務は，医事課にとって相当の負担となっています。点数計算では，病院の診療行為の実態や手術時の必要医療材料等を熟知していれば，請求漏れは大いに解消されます。その事務を外部に委託する例が多くなってきていますが，その業務の委託による費用が該当します。実はこの委託費が大手専門業者に発注され，相当額に上っています。

⑤ 清掃委託費

　医療機関は当然のことではありますが，清潔に保つ必要があります。患者から「他の病院はもっときれいで，気持ちよかった。」などとの会話を病院の待合室で聞いたことがありますが，罹病している患者に対しては，清潔感の提供も病院にとって重要な要素となります。そのために清掃業務を外部に委託する例が多いのですが，その清掃委託費を計上することになります。

⑥ 保守委託費

病院の施設及び設備の保守管理に関する委託費用で，MRI，CT，レントゲン機器等の診療検査機器，エレベーター，冷暖房設備，電気設備，給排水設備，植栽等の緑化設備，非難救急設備等の管理業務が該当します。

⑦ その他の委託費

上記以外の委託にかかる費用を計上します。

（4） 経　　費

経費には，上記（1）から（3）に属さない費用が計上されます。

① 設備関係費

A　減価償却費

医療法人が保有する有形固定資産及び無形固定資産で，土地や借地権等以外のものは時間の経過に伴って次第に老朽化して，最後は使用に耐えられなくなります。このような資産の価値の減少を，使うことによって得られる収益に対応させる，つまり費用収益の対応関係を保つために費用化する必要があります。資産の使用によって価値が減少していく事実を，時間の経過を基準にして費用化する方法として減価償却計算があるのです。

減価償却費の計算の要素として，

ア　使用可能期間としての耐用年数

イ　取得価額と残存価額

ウ　減価償却計算の方法

があります。耐用年数はその資産の使用状況によって決められるものですが，一般的には税法上の耐用年数を基準に決めることになります。取得価額はその資産の取得代金になり，残存価額は耐用年数経過後の価額を見積もることになります。ここでも税法上の考え方を採用しますと，残存価額は1円となります。減価償却計算の方法には，定額法，定率法

等があります。いずれの方法を採ったとしても，その方法を毎期継続して適用する必要があります。

　原価償却計算の始期ですが，当該資産を事業の用に供した時点となり，通常は月割計算によることになります。

B　器機賃借料

　医療器械等の借入資産に賃借料を計上することになります。リース契約によって使用している資産で，リース会計が適用されない資産に係るリース料もここに計上されることになります。リース会計については**9-1**を参照してください。

C　地 代 家 賃

　医療施設に係る地代と家賃を計上する科目です。来院患者や見舞いの来院者用の駐車場を医療施設の近隣に専用駐車場として借りるケースなどが該当します。

D　修 　 繕 　 費

　医療機関の建物，附属設備等の固定資産が損耗，損傷した場合の修繕費で，現状の機能を回復するための支出額です。この修繕費と資産価額に上乗せする資本的支出が実務上よく問題となりますが，資本的支出と判断する要件としては，

　　ア　通常の維持補修をしている場合に想定される耐用年数を延長させるもの

　　イ　当該支出によって，固定資産の価値を増加させるもの

となっており，費用計上と資産計上との差異を示しています。

E　固定資産税等

　固定資産を保有することによって課される税金で，固定資産税と都市計画税が同時に賦課徴収されます。この課税の基準日は毎年1月1日の現況で納税義務が発生することになります。

F 器機保守料

病院の診療に使う器機の保守料で，レントゲン装置，MRI，CT ス
キャン，手術関係設備，電子カルテシステム，オーダリングシステム等
に係る保守料が挙げられます。

G 器械設備保険料

施設設備を保険の目的にした火災保険料等の費用を計上します。

H 車両関係費

医療機関が所有する救急車，検診車，巡回用自動車，乗用車，船舶等
に係る燃料代，車検費用，自賠責保険料，自動車保険料及び自動車税等
の車両等を所有維持するためにかかる費用を計上します。

② 研究研修費

医療機関の医師，検査技師，薬剤師は，それぞれの医療にかかる知識の
向上と良質な医療サービスを提供するために，自己研鑽が求められます。
一般の企業でも，研修部等の組織を持って社員教育を行っており，医療機
関では一層の研究と研修が求められます。

A 研 究 費

医療研究のための試薬，動物やその飼料の購入代等の研究材料購入代，
研究用図書の購入代等を研究費として計上します。

B 研 修 費

医療機関内外の学会，研修会，講演会等に参加するための会費，旅費
交通費，講師招聘のための謝礼等の従業員の研修にかかる費用を計上し
ます。

③ その他の経費

医療機関を運営するために通常要する費用で，上記の各費用に該当しな
い費用を計上します。

A　福利厚生費

従業員の福利厚生のための費用のうち，法定外の費用を計上します。その内容は各医療機関によって内容が異なりますが，一般的には次のような費用が福利厚生費として計上されます。

ア　従業員宿舎，売店，食堂などの福利施設の維持費のうちの病院負担額

イ　健康診断，慰安旅行，運動会等の行事，従業員を被保険者とする団体保険料，慶弔費用等の病院負担額

B　旅費交通費

医療機関の業務のための旅費交通費を計上します。但し，前掲の研究研修費に計上するものを除きます。

C　職員被服費

医療機関では，診療に従事する医師等の白衣はもちろんのこと，レントゲン技師が着用する予防着，診療衣，作業衣等にかかる費用を計上します。

D　通　信　費

電話料金，郵便料金，インターネット接続料金等の通信手段に要した費用を計上します。

E　広告宣伝費

医学雑誌や週刊誌，地元自治会等の会報への掲載料，駅の広告，電柱への固定版やバス・電車への広告掲示料，テレビ・ラジオ等での放送料，パンフレットや患者へ配布する健康手帳等の製作費などの広告宣伝を目的にした費用を計上します。

F　消　耗　品　費

カルテ，診断書，検査伝票，レントゲンフィルムファイル袋，処方箋用紙等の医療用及び事務用の用紙，電球，蛍光灯，洗剤など1年以内に

消費する物にかかる費用を計上します。

G　消耗器具備品費

コピー機，ファクシミリ，シュレッダー，プリンター等の事務用その他の器械，器具のうち固定資産計上基準額未満の物，及び１年以内に消費する物にかかる費用を計上します。

H　会　議　費

病院の運営会議，事務連絡開示等の諸会議に要する費用を計上します。

I　水道光熱費

電気，ガス，水道，及び暖房用の重油等の費用を計上します。

J　保　険　料

病院責任賠償保険料，生命保険料等の保険契約に基づく費用を計上します。但し，車両関係費，器械設備保険料及び福利厚生費に該当するものは除きます。

K　交　際　費

病院では，顧客である患者を接待することは少ないものの，地域住民との融和を図る費用，慶弔費用などの負担があり，その費用を計上します。交際費の考え方は税法上の冗費の支出を認めないという趣旨から来ており，医療法人の課税所得額を計算する際には，交際費が損金不算入となり，その結果課税されますのでこの交際費の支出に関しては慎重になる傾向があります。

L　諸　会　費

医療機関が負担する医師会費，加盟している各種団体の会費や分担金等を計上することになります。

M　租　税　公　課

法人税や消費税，自動車関係の税金を除く，印紙税，登録免許税，事業所税等の税負担額，及び公共賦課金としての町会費等を計上します。

N　医業貸倒損失

　医療機関に掛かる患者のうちには不届きな者も居り，診療代金を払わずに失踪する者や督促に応じない者がいます。その他にも，資力を喪失して支払能力を有しない者もいます。そのような場合，医業未収金そのものの資産性が無くなっていることになりますので，その損失処理をすることになります。この場合，貸倒引当金で当該貸倒損失額を埋め合わせ，その不足額を医業貸倒損失とします。

O　貸倒引当金繰入額

　当該会計期間に発生した医業未収金のうち，徴収不能と見積もられる金額を貸倒引当金に繰り入れるもので，その繰入計算の考え方，計算に関しては **9-3** を参照してください。

P　雑　　費

　上記のいずれの費用にも属さない費用を雑費として計上するもので，具体例は，振込手数料，院内託児所費，学生に対する学費，教材費等を負担した場合の看護師養成費などの費用が該当します。

（5）　売 上 原 価

　売上原価には，当該医療法人の開設する病院等の業務に付随して行われる売店や購買部等及び収益業務のうち商品の仕入又は製品の製造を伴う業務についてここに記載します。

（6）　その他の事業費用

　その他の事業費用には，研修費のように材料費，給与費，委託費及び経費の2つ以上の中区分に係る複合費として整理した費用を記載します。

3.　附帯業務事業損益

　附帯業務とは，**4-3** に記載されているように医療法第42条に定める業務になります。本法の各号の内容を見てみますと，医療に関する教育研修業

務，疾病予防業務と介護福祉業務となっています。これらの業務による収益が附帯業務事業収益に計上されます。

　一方事業費用ですが，基本的には本来業務事業費用で計上されている各勘定科目に整理して，事業費用明細表に記入することになります。

4. 収益業務事業損益

　収益業務とは，**4-3**に記載のとおり医療法第42条の2第1項に基づいて，社会医療法人が本来業務に支障のない限り定款又は寄付行為に定めるところにより，その収益を当該社会医療法人が開設する病院，診療所，介護老人保健施設又は介護医療院の経営に充てることを目的として，厚生労働大臣が定める収益業務を言います。

　この厚生労働大臣が定める収益業務に関しては，厚生労働省告示で下記の要件を満たす業務としています。

一　一定の計画の下に収益を得ることを目的として反復継続して行われる行為であって，社会通念上業務と認められる程度のものであること。

二　社会医療法人の社会的信用を傷つけるおそれがあるものでないこと。

三　経営が投機的に行われるものでないこと。

四　当該業務を行うことにより，当該社会医療法人の開設する病院，診療所又は介護老人保健施設（以下「病院等」という。）の業務の円滑な遂行を妨げるおそれがないこと。

五　当該社会医療法人以外の者に対する名義の貸与その他不当な方法で経営されるものでないこと。

そして，収益業務に関しては日本標準産業分類に定める業務を次のよう

に挙げています。

一　農業

二　林業

三　漁業

四　製造業

五　情報通信業

六　運輸業

七　卸売・小売業

八　不動産業（「建物売買業，土地売買業」を除く。）

九　飲食店，宿泊業

十　医療，福祉（病院，診療所又は介護老人保健施設に係るもの及び
　　医療法第 42 条各号に掲げるものを除く。）

十一　教育，学習支援業

十二　複合サービス事業

十三　サービス業

　収益業務事業収益は，上記の各業務からの収益を計上し，事業費用は基本的には付帯業務と同様に，本来業務事業費用で計上されている各勘定科目に整理して，事業費用明細表に記入することになります。

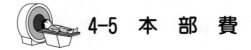

4-5　本　部　費

　本部費とは，医療法人全体の経営意思決定を行う，謂わば最高司令本部の機能を有する機関に要する費用を言います。この本部費に関して，

本来業務事業損益の区分の本部費としては，法人本部を独立した会計としている場合の本部の費用（資金調達に係る費用等事業外費用に属するものは除く。）は，本来業務事業損益，附帯業務事業損益又は収益業務事業損益に分けることなく，本来業務事業損益の区分に計上するものとする。なお，独立した会計としていない場合は区分する必要はない。　　　　　　　　　　　　　　　　　　　　（運用指針 17）

としており，本来業務事業損益の事業費用の内訳に，事業費とは別にこの本部費を記載することとしています。

　本部費に計上される費用科目ですが，本来業務事業損益の事業費用に計上される費目が相当し，各費目ごとに集計をして事業費用明細表に記入することになります。

 ## 4-6　経 常 損 益

1. 経常損益とは

　経常損益とは読んで字の如く，経常的に発生する損益取引を言いますが，ここでは事業外損益を指しています。

　　経常損益は，事業損益に，事業活動以外の原因から生ずる損益であって経常的に発生する金額を加減して計上する。　（基準第 20 条）

準則に具体的な内容が示されています。

　　経常損益計算は，受取利息及び配当金，有価証券売却益，患者外給

　この経常損益に計上する取引の内容は上記のとおり主に財務金融取引と
なっています。事業損益では，その取引の内容によって3業務に区分して
それぞれの収益と費用を対応させて，その業務ごとの事業利益を表示する
ことになりますが，この事業外損益では一括して表示することになります。

2. 事業外収益

　企業会計の損益計算書の営業外収益に相当します。

（1）　受取利息及び配当金

　金融機関に預け入れた預貯金等，保有する公社債等及び貸付金の利息と，
保有する株式，出資金等に対する配当金を計上します。この預貯金の利息
は，期間の経過に伴って発生するものなので，預入している期間に対応さ
せて未収利息を認識します。但し，ここでも重要性の原則の適用によって，
重要性が乏しい場合には敢えて未収利息を期間按分しない方法も考えられ
ます。特に低金利の場合には重要性が乏しいと判断できます。

（2）　有価証券売却益

　新たな会計基準である金融商品会計基準で規定しています売買目的等で
所有する有価証券及びその他有価証券を売却した場合の売却益を計上しま
す。ただ，9-2で説明していますように，医療法人が売買目的の有価証券
を持つことは考え難く該当する例は少ないものと考えられます。

（3）　患者外給食収益

　病院では入院患者に対して，俗に言う病院食を提供しています。もちろ
ん診療費に含まれており，患者に提供する給食費用は事業費用のうちの給

食用材料費に計上されます。病院では入院患者以外の付添人や従業員等に対して給食を提供する場合がありますが，その収入額が事業外収益に計上されます。

（4） その他の事業外収益

病院の駐車場，売店，自動販売機，テレビカード等に係る収益が該当します。

3. 事業外費用

上記と同じく企業会計の営業外費用に相当します。

（1） 支 払 利 息

借入金に係る利息を計上します。利息に関しても期間帰属が明確になっていますので，前払利息乃至は未払利息が利払時期によって計上されます。

（2） 有価証券売却損

売買目的等で所有する有価証券及びその他有価証券を売却した場合の売却損を計上します。

（3） 患者外給食用材料費

事業外収益に計上されている「患者外給食収益」に対応する原価を計上することになります。

（4） 診療費減免額

患者に無料又は低廉な報酬額で診療を行う場合，その収受されなかった金額をこの減免額に計上することになります。

（5） 医療外貸倒損失

病院の本来業務事業収益に係る債権に生じた貸倒ではなく，医療未収金以外の債権で起こった回収不能額です。

（6） 貸倒引当金事業外繰入額

当該会計期間に発生した本来業務に係る未収金以外の債権のうち，回収

不能と見積もられる金額を計上します。

（7） その他の事業外費用

上記に記載されていない費用で，経常的に発生するものを計上します。

 # 4-7　当期純損益

この節のタイトルを如何にするかを迷ったのです。

> 損益計算書は，事業損益，経常損益及び当期純損益に区分するもの
> とする。　　　　　　　　　　　　　　　　　　　　　（基準第 18 条）

と規定していますので，当期純損益としましたが，内容は経常損益を受け
て特別利益と特別損失を加減算して税引前当期純利益を算出します。

そして，収益を課税標準とする法人税，住民税，事業税を控除し，税効
果会計を適用している場合にはその調整額を加減算して最終ゴールである
当期純利益を算出します。では，順を追って説明しましょう。

1. 特 別 利 益

（1）　固定資産売却益

所有する固定資産を売却した場合の売却益を計上します。固定資産は事
業活動に生かすために所有しているのであり，売却を目的にして所有して
いるわけではありませんので，固定資産の売却に係る利益は経常利益に影
響する箇所には置かず，臨時収益に計上することになるのです。売却に係
る手数料等の費用を差し引いて，純額を以って売却益として計上すること
になります。

（2）　その他の特別利益

　ここには固定資産売却益以外の臨時的に発生した利益を表示することになります。臨時偶発的な理由による有価証券の売却益や，既に過年度で貸倒償却とした債権の回収額，災害時の保険金収益等が考えられます。

2. 特別損失

（1）　固定資産売却損

　固定資産の売却によって生じた損失額を表示します。

（2）　固定資産除却損

　固定資産を除却した場合の損失額で，通常売却すらできない資産を廃棄することによって生じる撤去費用も含まれます。

（3）　災害損失

　火災，水害等の天災によって生じた損失額で，資産の廃棄損と復旧にかかる費用を表示します。

（4）　その他の特別損失

　上記以外で，特別利益と同様の有価証券の売却損や，非経常的臨時的に発生した費用を計上します。最近は天災が相次いでいますので，この特別損失への計上額が嵩んでいることと思います。毎年繰り返されることですと，経常的と言われるのではないかと懸念します。また，特別利益で触れていますが，多様な保険契約による保険金の支払事例が多いのではないかと想定され，その会計処理も検討が重ねられていると考えられます。

3. 法人税，住民税及び事業税

　損益計算書の特別損益の結果を受けて，税引前当期純利益が表示されることになります。この税引前当期純利益から，法人税，住民税及び事業税を差し引いて当期純利益を表示します。

　もし，税効果会計を適用している場合には，**9-5**を参照の上，その調整額を法人税等調整額として加減算して当期純利益を表示します。

 4-8　控除対象外消費税

1.　消費税の構造

　消費税は最終消費者が負担する税金なので，個人が物を購入した場合やサービスの提供を受けた場合には代金以外に消費税を加算して払うことになります。当然この個人が最終消費者になりますので消費税の負担者になります。しかし事業者の場合には物やサービスを第三者に提供する訳ですから，その第三者から消費税を受け取ることになり最終消費者にはならないのです。医療法人も患者や利用者，つまり顧客ですが，この顧客に医療サービスを提供することで，最終消費者にはならないのです。ここで問題になるのが，医療法人が提供している医療サービスのうち保険診療等が消費税法上非課税ということなのです。そうしますと医療法人は顧客から消費税を徴収できなくなるのです。ここの説明では，消費税の処理を税抜方式を前提に説明することにし，仮払消費税と仮受消費税を使っています。

　消費税の課税構造を簡単な数値例で説明してみましょう。

【記載例】

| 仕入高 | 200 | 仮払消費税 | 20 |
| 売上高 | 300 | 仮受消費税 | 30 |

　極めて単純な例ですが，この事業者は仮受消費税30から仮払消費税20を差し引いた10を国庫に納税するのです。

　では，売上高300のうち210が非課税売上だった場合には，課税売上高90の10％の仮受消費税は9となります。仕入高200のうち70％は非課税売上の原価になっています。この場合の事業者の課税売上割合は30％となり，仮払消費税のうちの30％相当が課税売上高に対応する仮払消費税になります。この例で事業者の納税額は9－20×0.3＝3で，3を納税することになります。つまり仕入に係る仮払消費税が20なのに，納税時に控除される額は30％の6だけで，後の14はどこからも控除されず，もちろん還付されることもありません。この事業者は14の消費税を負担することになるのです。

　これが単純な消費税の計算構造になるのです。医療法人ではこの消費税の問題が極めて大きいのです。

2. 控除対象外消費税

　極めて単純な例でしたが，1. で説明しましたように医療法人に係る消費税に関しては，この控除対処外消費税の会計処理の問題があります。消費税の申告実務では，多くの計算段階があり，かなり複雑になりますが，結果として医療法人が少なくない消費税額の最終負担者になるのです。この負担額を損益計算書にどのように計上するかが問題になるのです。

　消費税には医薬品や医療材料，その他消耗品等の短期的に消費されていく物に係る仮払消費税，用務の提供を受けることで支払う仮払消費税，そ

して固定資産等のように長く業務に使うものの購入時に課税されるものがあります。

　控除対象外消費税のうち、医薬品や旅費交通費等の費用の発生と共に生じる消費税額と固定資産の取得時に負担する消費税額があり、前者に関しては本来業務事業損益の事業費に計上し、後者については特別損失に計上することになります。

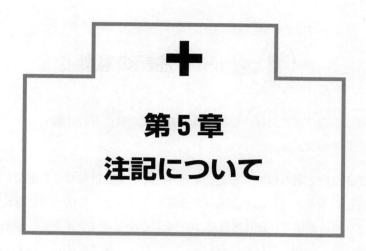

第5章
注記について

　医療法人に限らず，一般の事業会社や学校法人，公益法人等の計算書類の表示は簡素化が進んでいます。より簡略に財政状態や運営状況を開示することで，見易くわかり易さを大前提としたもので，諸外国の財務諸表でもこの傾向が顕著です。そしてより詳しい内容は Note：注記，Footnote：脚注に記載しています。

　医療法人が作成する計算書類にも多くの注記が加えられています。この注記によって計算書類に計上されている数値の意味するところがわかるのです。

　注記は貴重な情報源なのです。

5-1　注記の意義

　医療法人会計基準では，注記のうちの重要な会計方針に関して次のように規定しています。

　貸借対照表等を作成するために採用している会計処理の原則及び手続並びに表示方法その他貸借対照表等を作成するための基本となる事項（次条において「会計方針」という。）で次に掲げる事項は，損益計算書の次に記載しなければならない。ただし，重要性の乏しいものについては，記載を省略することができる。

一　資産の評価基準及び評価方法

二　固定資産の減価償却の方法

三　引当金の計上基準

四　消費税及び地方消費税の会計処理の方法

五　その他貸借対照表等作成のための基本となる重要な事項

（基準第3条）

　この重要な会計方針とは，医療法人が貸借対照表及び損益計算書を作成するに当たり，その財政状態及び運営状況を適正に表示するために採用した会計処理の原則及び手続並びに表示の方法を言います。どのようなルールの下で会計処理をして，どのように表示しているのかを明らかにすることで，この計算書類の読者の充分な理解を得るために注記をするのです。

5-2　重要な会計方針

重要な会計方針について順を追って説明します。

1.　資産の評価基準及び評価方法

固定資産を除く主要な資産の評価基準及び評価方法を記載します。

（1）　棚 卸 資 産

医療機関が持つ棚卸資産ですと，薬品，医療材料，給食用食材それに貯蔵品があります。評価基準は原則的に低価法を採ります。期末在庫分の棚卸資産の時価が購入価格より安くなっている場合には，その安い価格で評価することになります。

また，各資産の受払方法，つまり評価方法ですが，選択可能な方法として先入先出法，移動平均法，総平均法などがあります。実際の資産管理の状況を見てみますと，なるべく古い物を順に使用するように心掛けているのではないでしょうか。とするとその実態に合わせて先入先出法が的確に表していると考えられます。もし，その資産の評価方法の選択が期間損益計算の計算上著しい弊害がない場合には，最終仕入原価法を採ることができます。最近の医薬品の購入契約では，一定期間単価契約を結んでいる例が多く，その間の購入価格の変化はありません。そうしますと，最終仕入原価法に合理性が認められます。また，主には医薬品ですが，在庫リスクを回避するためにSPD（院内物流管理）契約による例も増えてきました。この場合には薬品や医療材料の在庫は僅少な額になっています。なお，重要性の乏しい棚卸資産に関しては，その資産の購入時又は保管場所からの払出時に費用計上することが許容されます。

【記載例】

　先入先出法による低価法によっています。

（2）　有　価　証　券

　医療法人として保有する有価証券の種類は限定されるものと考えられます。金融商品会計基準では有価証券を4つのカテゴリーに分けていますが、そのうち有価証券売買を業として行うことはありませんので売買目的有価証券はないでしょう。その結果、①満期保有目的の債券、②その他有価証券のいずれかになります。また、子会社株式又は関連会社株式を持つこともあり得ますが、実務的にはその他有価証券に含めて判断することになります。評価基準ですが、時価の低下を認識する低価法を採ることになります。

　有価証券の評価方法ですが、同種の有価証券ごとに移動平均法が適していると考えます。

　有価証券の評価基準及び評価方法は、一般的な例として次のようになります。

【記載例】

①　満期保有目的の債券

　償却原価法によっています。

②　その他有価証券

　移動平均法による低価法によっています

2.　固定資産の減価償却の方法

　固定資産の減価償却の代表的な方法は定額法と定率法です。ここでは減価償却方法と資産の種類ごとの耐用年数を記載することになります。

【記載例】

① 有形固定資産

　定額法を採用しています。なお，主な資産の耐用年数は以下のとおりです。

建物	10 年～50 年
構築物	8 年～15 年
機器備品	5 年～10 年
車両	5 年～8 年

② 無形固定資産

　定額法を採用しております。なお，主な資産の耐用年数は以下のとおりです。

ソフトウエア	5 年～8 年

3. 引当金の計上基準

　引当金に関しては，**9-3** を参照してください。ここでは主な引当金の記載例を示します。

【記載例】

① 貸倒引当金

　債権の貸倒による損失に備えるため，一般債権については貸倒実績率により，貸倒懸念債権等の特定の債権については個別に回収可能性を勘案し，回収不能見積額を計上しています。

② 賞与引当金

　従業員の賞与の支給に備えるため，支給見込額に基づき計上しています。

③ 退職給付引当金

　従業員の退職給付に備えるため，当会計年度末における退職給付債務の

見込額に基づき当会計年度末において発生していると認められる額を計上しています。

4. 消費税及び地方消費税の会計処理の方法

　消費税は最終消費者が負担する税金ですので，医療法人が提供する医療サービスの最終受益者が負担することになります。医療法人が購入する薬品や医療材料，医事会計業務や給食業務を委託する事業者への支払いには消費税を上乗せして支払うことになります。一方で提供する医療サービスの対価に消費税を上乗せして徴収することになります。但し，医療法人の場合には非課税とされる収益があるため，消費税の申告額の計算は難しくなります。

　ここに地方消費税と記載していますが，国税と地方税に分けられており，消費税率10％のうち国税が7.8％，地方税が2.2％となっています。

　会計方針で記載する内容は，収益及び費用の計上額を消費税込みの金額で示すのか，消費税抜きの金額で示すのかを明らかにするのです。一般企業では税抜方式によっていますが，独立行政法人や学校法人等では税込方式によっています。いずれの方式によっても税負担額に大きな差異は生じません。税抜方式による場合には，受益者から受け取った消費税は仮受消費税，支払った消費税は仮払消費税として，仮受消費税から仮払消費税を控除した残額を申告納税することになります。但し，医療法人の場合にはこの控除する仮払消費税額の計算が複雑になっていますので，仮払消費税全額が控除される訳ではありません。この点が一般の事業会社と異なることになります。

【記載例】

　消費税等の会計処理は，税抜方式（又は税抜方式）によっています。

5. その他貸借対照表等作成のための基本となる重要な事項

この注記に関しては，

> 会計基準第3条第5号に規定の「その他貸借対照表等を作成するための基本となる重要な事項」の例は，補助金等の会計処理方法，企業会計で導入されている会計処理等の基準を適用する場合の当該基準である。
>
> （運用指針3）

医療法人会計基準では，個々の会計処理に関して詳細には規定していません。従来より公正な会計慣行として定着している企業会計や，先行して規定された病院会計準則等を参照又は準拠する方法で計算書類を作成してきました。既述の1から4までの会計方針以外に医療法人で適用されている会計処理方法や基準がある場合には，この個所に記載することになります。

指針で示している補助金の会計処理に関しては**9-4**で触れていますし，減損会計も**9-6**で説明しています。また，研究開発費に係る会計処理に関しては**9-7**で触れています。

【記載例】

補助金の会計処理では，収入時に負債に計上し，補助の目的に従って当該補助金が執行されたときに負債を取り崩す方法によっています。

5-3　会計方針の変更

　1つの事象に対して選択可能な複数の会計処理方法がある場合，一旦採用された会計処理方法は継続して適用される必要があります。このことは既述の，

> 　採用する会計処理の原則及び手続並びに貸借対照表等の表示方法については，毎会計年度継続して適用し，みだりにこれを変更しないこと。
> 　　　　　　　　　　　　　　　　　　　　　　　　　　　（基準第2条第4号）

とされており，継続性の原則のことを示しています。そして，採用してきた会計方針を変更した場合には，

> 　会計方針を変更した場合には，その旨，変更の理由及び当該変更が貸借対照表等に与えている影響の内容を前条の規定による記載の次に記載しなければならない。
> 　　　　　　　　　　　　　　　　　　　　　　　　　　　（基準第4条）

とされています。一旦採用した会計処理方法の継続適用が求められるのは既述のとおり，貸借対照表等の期間比較可能性の維持と恣意的な利益操作の排除にあります。しかし，ここで言っている会計方針の変更が注記の対象となるのは，この変更に正当な理由がある場合に限られます。ですから，注記の記載内容に「変更の理由」の記載が求められているのです。では正当な理由とはどのような場合が該当するのでしょうか。

① 　法令・会計基準等の改正によって，会計処理及び手続の変更が必要な場合
② 　甚だしい物価変動等の経済事情の著しい変動があった場合

③　合併・買収等の組織の変更，営業の目的又は規模の変更等で法人業務の大きな変化があった場合

④　会計処理の変更によって，法人の会計処理がより合理的なものになる場合

　このような場合に，正当な理由による継続性の変更として適正な会計処理として認められるのです。

　また，計算書類の表示方法の変更もこの個所に記載されます。計算書類を時系列で期間比較した場合の比較可能性を確保するための注記になります。

【記載例】

　当会計年度より＊＊＊に関する会計処理を○○法から▽▽法に変更しています。この変更は会計基準の改正によるものであり，この変更による影響額は従来の会計処理による場合に比べて，貸借対照表の＊＊＊の計上額が◇◇千円減少し，損益計算書の経常利益が◇◇千円減少，当期純利益が？？千円減少しています。

継続性の変更による
影響が出ているんだね！

5-4　貸借対照表等に関する注記

　重要な会計方針の注記に続いて，貸借対照表等に関する注記が求められています。

　貸借対照表等には，その作成の前提となる事項及び財務状況を明らかにするために次に掲げる事項を注記しなければならない。ただし，重要性の乏しいものについては，注記を省略することができる。

一　継続事業の前提に関する事項

二　資産及び負債のうち，収益業務に関する事項

三　収益業務からの繰入金の状況に関する事項

四　担保に供されている資産に関する事項

五　法第51条第1項に規定する関係事業者に関する事項

六　重要な偶発債務に関する事項

七　重要な後発事象に関する事項

八　その他医療法人の財政状態又は損益の状況を明らかにするために

必要な事項　　　　　　　　　　　　　　　　　　　　　（基準第22条）

　上記の内容について順を追って説明します。

1. 継続事業の前提に関する事項

　継続事業の前提に関する注記については

　継続事業の前提に関する注記は，当該医療法人の会計年度の末日において，財務指標の悪化の傾向，重要な債務の不履行等財政破綻の可

能性その他将来に亘って事業を継続することの前提に重要な疑義を抱
かせる事象又は状況が存在する場合におけるその内容を記載する。

（運用指針 20）

とされています。

　会計処理の前提として，医療法人は将来に亘って事業活動を継続すると
仮定されています（継続事業の前提）。会計期間の末日において，その継
続企業の前提に重要な疑義を生じさせるような事象又は状況が存在する場
合で，その事象又は状況を解消し，又は改善するための対応をしてもなお
継続事業の前提に関する重要な不確実性が認められる場合は，継続事業の
前提（Going Concern）に関する注記が必要になります。

　この注記は，企業会計で大きな議論を呼んだもので，直前まで優良企業
との評価を受けていたのが，その直後に経営困難乃至は経営破綻に至る事
象が惹起したため，事業の継続性に疑義を生じる事実が存在している場合
には，その事実を慎重に吟味した上で継続性に関する注記を求めることに
なったのです。

　経営環境が厳しい医療の世界にあって，この継続性を検討しなければな
らない事象が生じることがあります。そのような場合には，経営者にとっ
ても重大な判断を強いられることになり，注記の要否の判断を下さなけれ
ばなりません。

　なお，当該注記の記載は，営んでいる事業が重大な局面に至っているこ
とを示唆することになり，経営破綻の懸念を憶測させることになり，極め
てセンシティヴな問題になります。

　当法人は＊＊＊＊＊＊＊の理由によって，３会計年度連続で当期純損失を計上しており，純資産の部も欠損の状態に至っています。当該状況を改善すべく，経営改善を進めているところですが，依然として当法人を取り囲む経営環境が厳しいため，継続事業の前提に重要な不確実性が認められます。

　なお，計算書類は継続事業を前提として作成しており，当該不確実性の影響を反映しておりません。

2. 資産及び負債のうち，収益業務に関する事項

　収益事業に関しては，医療法第42条の２第３項に，

　　収益事業に関する会計は，当該社会医療法人が開設する病院，診療所，介護老人保健施設又は介護医療院の業務及び前条各号に掲げる業務に関する会計から区分し，特別の会計として経理しなければならない。

　　　　　　　　　　　　　　　　　　　（法第42条の２第３項）

と定められています。本条文の改正前ですと，収益事業に係る会計を他と区分して特別の会計としなければならないとしていました。この考え方を受けて，損益計算書の事業損益で収益業務事業損益の区分表示を求めており，資産と負債に関する注記の記載がここで求められているのです。

【記載例】

　収益事業に係る資産及び負債は次のとおりです。

　　資産　　　　＊＊＊千円
　　負債　　　　▽▽▽千円

3. 収益業務からの繰入金の状況に関する事項

　この注記も上記 **2.** と同じ趣旨によります。

【記載例】

　収益事業からの繰入金は次のとおりです。

当期首残高	＊，＊＊＊千円
当期繰入高	○○○千円
当期元入高	◇◇◇千円
当期末残高	▽，▽▽▽千円

4. 担保に供されている資産に関する事項

　この注記は企業会計で一般的に求められているもので，所有する資産のうちで借入金等の担保に供されていることで実質的に処分権に制約が掛かっている状況と，取引契約上の差入保証として提供していることでの信用享受の状況を知ることができます。

【記載例】

　担保に供している資産

土地・建物	＊＊＊，＊＊＊千円
有価証券	◇◇◇，◇◇◇千円

　担保に係る債務

短期借入金	▽▽，▽▽▽千円
長期借入金	○○○，○○○千円

5. 医療法第51条第1項に規定する関係事業者に関する事項

　この関係事業者の注記は，上場会社に開示を求めている「関連当事者の開示」を準用したものです。医療法人と関係事業者との取引は，対等な立場で行われているとは限らず，法人の財政状態や運営状況に影響を及ぼす

ことがあります。そのため，その取引の実行に当たっては，取引の合理性を十分に検討し承認するための仕組みが整備されていることが重要と考えられるのです。また，関係事業者が役員である場合は利益相反取引としての承認にも留意する必要があります。関係事業者の開示は，法人と関係事業者との取引や関係事業者の存在が計算書類に与えている影響を計算書類利用者が把握できるように，適切な情報を提供するためのものです。

　なお，この注記に関しては **9-8** を参照してください。

 Reference

　本稿を執筆していた折りに，「旭川医科大教授，不正報酬3年で1億円　虚偽説明で妻の企業に」（北海道新聞）の報道がありました。この関係事業者の注記そのものの事例です。教授の妻が代表取締役を務める企業の役員に就任し，教授の肩書で行った講演会の謝礼や原稿執筆料などをこの企業が受け取り，過去3年間で約1億円に上った。本件は本務を疎かにして業務に支障を来し，且つ当該企業に関する情報の開示も拒否したとして懲戒処分を受けた由。本注記の趣旨は医療法人の役員に関してかかる事態を未然に牽制するものなのです。

【記載例】

　記載例は **9-8** を参照してください。

6. 重要な偶発債務に関する事項

　重要な偶発債務に関する注記については，

　重要な偶発債務に関する注記は，債務の保証（債務の保証と同様の効果を有するものを含む。），重要な係争事件に係る賠償義務その他現

実に発生していない事象で，将来において事業の負担となる可能性の
あるものが発生した場合にその内容を記載する。　　　（運用指針 21）

としています。上記 5 と同様に企業会計でも注記を求められています。

　この偶発事象とは，現実にはまだ発生していないが，将来一定の条件が
成立した場合に発生する債務の総称です。偶発的に発生し，その負債額を
正確に予測できないという特徴があるため，引当金の計上対象にはならな
い事象です。例としては，債務の連帯保証人になった場合などが該当しま
す。

【記載例】

　過年度に診療しました患者家族より，治療中の過誤によって患者に重大
な後遺障害が生じたとして，損害賠償請求訴訟を令和＊年＊＊月＊＊日付
で××地方裁判所において提訴されています。

7. 重要な後発事象に関する事項

　重要な後発事象に関する注記については，

　　重要な後発事象の関する注記は，当該医療法人の会計年度の末日後，
当該医療法人の翌会計年度以降の財政状態又は損益の状況に重要な影
響を及ぼす事象が発生した場合にその内容を記載する。

（運用指針 22）

とされています。この後発事象は，会計年度末日後に生じた事象を指しま
す。この後発事象には 2 種類があり，3 月末で終了する会計年度に係る事
項で当該年度の計算書類を修正すべき修正後発事象と，4 月以降に新たに
発生した事象で翌年度の決算に影響する開示後発事象になります。ただ，
修正後発事象であっても，当該年度の決算確定までに間に合わないか決算

確定後に生じた事象については，開示後発事象として注記することになります。

【記載例】

　令和＊＊年5月10日に当医療法人の検査室で漏電による火災が発生し，MRI及びCTスキャンの使用ができない状況にあります。この間の診療に影響が生じ，翌会計年度の事業収益が減少するものと思われますが，その影響額は不明です。

8. その他医療法人の財政状態又は損益の状況を明らかにするために必要な事項

　運用指針に示されている「会計基準第22条第8号の事項として注記するもの」について，指針の順に説明します。

（1）　基本財産の取り扱いについて

　基本財産の取り扱いについては，

> 　定款又は寄附行為において基本財産の規定を置いている場合であっても，貸借対照表及び財産目録には，基本財産としての表示区分は設ける必要はないが，当該基本財産の前会計年度末残高，当該会計年度の増加額，当該会計年度の減少額及び当該会計年度末残高について，貸借対照表の科目別に会計基準第22条第8号の事項として注記するものとする。　　　　　　　　　　　　　　　　　　（運用指針6）

としています。基本財産の法的性格としては明確な規定はありませんが，一般社団法人及び一般財団法人法第172条で，定款で定めるところにより，これを維持しなければならず，且つ，目的事業を妨げることとなる処分をしてはならないと規定されています。定款で基本財産を定めていれば，維持・管理しなければならないのです。

（単位：千円）

科目	当期首残高	当期増加額	当期減少額	当期末残高
預金	＊＊，＊＊＊	＊＊＊		▽▽，▽▽▽
土地	××，×××			××，×××
合計	○○，○○○	＊＊＊		◇◇，◇◇◇

（2） 減価償却の方法等について

減価償却の方法等については，

> 固定資産の減価償却方法は，重要な会計方針に係る事項に該当するため，減価償却方法を，たとえば定率法から定額法へ変更した場合には，重要な会計方針の変更に該当することとなるが，固定資産の償却年数又は残存価額の変更については，重要な会計方針の変更には該当しない。しかし，この変更に重要性がある場合には，その影響額を会計基準第22条第8号の事項として注記するものとする。
>
> （運用指針8）

としています。減価償却計算では，経済的な価値の減少を一定の仮定の下で計算をしています。法定耐用年数を見ても，鉄筋コンクリート造りの病院建物は39年，冷暖房設備15年，救急車5年，レントゲン機器6年などと詳細に定められていますが，実際の使用期間とは多少ずれることがあります。実際の使用状況の変化に基づいて，使用可能期間の変更をすることもあります。

【記載例】

現在使用している検査機器が機能的に老朽化が進んでいる事実を反映し，従来の耐用年数6年を4年に短縮しました。その結果従来の年数による場

合に比べて，減価償却費が 15,000 千円増加しています。

（3） リース取引の会計処理について

リース取引の会計処理については，

> 賃貸借処理をしたファイナンス・リース取引がある場合には，貸借対照表科目に準じた資産の種類ごとのリース料総額及び未経過リース料の当期末残高を，会計基準第22条第8号の事項として注記するものとする。 (運用指針9)

としており，ファイナンス・リース契約による場合には売買取引による会計処理が原則とされますが，重要性等の判断で賃貸借取引として処理している場合に注記を求めているのです。

【記載例】

賃貸借取引として会計処理をしたファイナンス・リース取引

科目	リース料総額（千円）	未経過リース料（千円）
医療用機械備品	＊＊＊，＊＊＊	××，×××
計	＊＊＊，＊＊＊	××，×××

（4） 有価証券等の評価について

有価証券等の評価については，

> 満期保有目的の債券に重要性がある場合には，その内訳並びに帳簿価額，時価及び評価損益を会計基準第22条第8号の事項として注記するものとする。 (運用指針11)

としており，満期保有目的の債券だと結果として価格変動リスクを受けることがないため，余資運用対象として多用されています。金額的に重要性がある場合には次の注記を加えることになります。

銘柄	帳簿価額	時価	評価損益
長期国債第・・号	＊＊，＊＊＊	＊＊，▽▽▽	▼▼▼
地方債第＋＋号	○○，○○○	○○，◇◇◇	■■■
合計	●●，●●●	◆◆，◆◆◆	＊×◆

（5） 引当金の取り扱いについて

引当金の取り扱いについては，

> 貸借対照表の表記において，債権について貸倒引当金を直接控除した残額のみを記載した場合には，当該債権の債権金額，貸倒引当金及び当該債権の当期末残高を，会計基準第22条第8号の事項として注記するものとする。 （運用指針 12）

としており，貸借対照表の表示方法に関する注記になります。

【記載例】

債権金額	＊＊＊，＊＊＊千円
貸倒引当金	△，△△△千円
当期末残高	×××，×××千円

> 適用時差異の未処理残高及び原則法を適用した場合の退職給付引当金の計算の前提とした退職給付債務等の内容は，会計基準第22条第8号の事項として注記するものとする。 （運用指針 12）

退職給付債務に関しては，計算要素が複雑であり，且つ移行時差異額が多額に上る例があります。退職給付債務金額と退職給付引当金との関係を解きほぐす注記になります。

注記としては退職給付債務の内容を表示することになります。

（6） 税効果会計の適用について

税効果会計の適用については,

> 繰延税金資産及び繰延税金負債に重要性がある場合には,主な発生原因別内訳を会計基準第22条第8号の事項として注記するものとする。
>
> （運用指針 15）

としており,繰延税金資産及び負債の発生源を注記します。

【記載例】

繰延税金資産の発生の主な原因は,貸倒引当金,賞与引当金及び退職給付引当金の否認額です。

（7） 補助金等の会計処理について

補助金等の会計処理については,

> 補助金等の会計処理方法は,会計基準第3条第5号の事項として注記するものとし,補助金等に重要性がある場合には,補助金等の内訳,交付者及び貸借対照表等への影響額を会計基準第22条第8号の事項として注記するものとする。
>
> （運用指針 19）

として,特殊な会計処理をする補助金に関する注記をします。

【記載例】

	内訳	交付者	損益計算書影響額（千円）	貸借対照表影響額（千円）
1	何某補助金	何県	＊，＊＊＊	＋，＋＋＋
2	某補助金	何市	○，○○○	●，●●●
	合計		▽▽，▽▽▽	▼，▼▼▼

（8）　貸借対照表等注記事項について

　運用指針に基準第22条第8号の事項として注記を求めている項目が次のように示されています。

　会計基準第22条第8号に規定の「その他医療法人の財務状態又は損益の状況を明らかにするために必要な事項」の例は，以下のようなものがある。

① 　固定資産の償却年数又は残存価額の変更に重要性がある場合の影響額

② 　満期保有目的の債券に重要性がある場合の内訳並びに帳簿価額，時価及び評価損益

③ 　原則法を適用した場合の，退職給付引当金の計算の前提とした退職給付債務等の内容

④ 　繰延税金資産及び繰延税金負債に重要性がある場合の主な発生原因別内訳

⑤ 　補助金等に重要性がある場合の内訳，交付者及び貸借対照表等への影響額　　　　　　　　　　　　　　　　　（運用指針24）

指針の順に説明します。

① 　固定資産の償却年数又は残存価額の変更は，継続性の変更としてではなく，事実の変更として捉えた場合の注記となり，重要性がある場合に影響額を記載します。この変更は通常の場合に生じることはなく，法令等の改訂，事実の変化等に応じた処置と考えられます。

② 　満期保有目的の債券に関する注記です。

③ 　退職給付債務に関しては **9-3** で説明していますが，この退職給付債務の算出の前提条件等を記載します。

④ 　税効果会計については **9-5** で説明していますが，繰延税金資産及び

繰延税金負債に重要性がある場合に，その発生原因別内訳を記載します。

⑤　国及び地方自治体等から補助金等を受けた場合に，重要性があればその内容を記載することになります。

注記が計算書類の理解を
容易にしているのです。

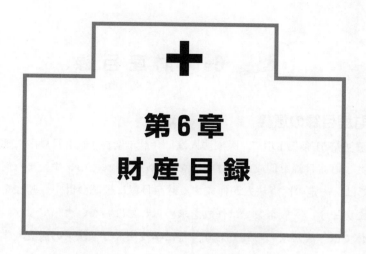

第6章
財産目録

　企業会計では，作成を求める計算書類・財務諸表の中には含まれていませんが，公的分野の組織体・法人に求められている重要な計算書になります。その組織体・法人の資産と負債の内容を明らかにするものです

6-1 財産目録

1. 財産目録の意義

　医療法第51条第1項で，医療法人は毎会計年度終了後2月以内に他の書類と共に財産目録を作成しなければならないとされています。また同条第5項では，一定の医療法人が作成する財産目録に公認会計士の監査を義務付けています。一般企業では作成を求められてはいない書類ですが，非営利団体では作成が求められており，特に学校法人では法人の設立や学校の設置，学部の増設等で重要な書類になっています。この学校法人が上記の申請をする場合にも，財産目録の詳細な内容に関して公認会計士監査を義務付けています。

 Reference

　その昔，学校法人の学部増設の申請時に，財産目録に掲載されている重要財産の現物実査が文部科学省の担当官によって行われました。広い体育館に図書を積み上げて，その実在性を立証したのです。学校法人にとって図書は重要な財産ですので。

2. 財産目録の記載内容

　財産目録の記載内容ですが，

財産目録は，当該会計年度末現在におけるすべての資産及び負債につき，価額及び必要な情報を表示するものとする。

財産目録は，貸借対照表の区分に準じ，資産の部と負債の部に分かち，更に資産の部を流動資産及び固定資産に区分して，純資産の額を表示するものとする。

財産目録の価額は，貸借対照表記載の価額と同一とする。

財産目録の様式は，社会医療法人債を発行する社会医療法人の財務諸表の用語，様式及び作成方法に関する規則が適用になる法人を除き，様式第三号によることとする。 （運用指針25）

とされており，貸借対照表に表示されている資産・負債を下記の様式で開示することになります。

財　　　産　　　目　　　録

（令和　　年　　月　　　日）
1. 資　産　額　　　　　　＊＊＊千円
2. 負　債　額　　　　　　＊＊＊千円
3. 純資産額　　　　　　＊＊＊千円

（内訳）

区　　　　分	金　　額
A　流動資産	＊＊＊
B　固定資産	＊＊＊
C　資産合計　　　　（A＋B）	＊＊＊
D　負債合計	＊＊＊
E　純　資　産　　　（C－D）	＊＊＊

（注　財産目録の価額は，貸借対照表の価額と一致すること。）

これが様式第三号ですが，あまりに簡素でびっくりされるでしょう。実

は各区分に貸借対照表で計上されている勘定科目を記載し，その詳細な内訳を記入するのです。例えば預金ですと当座，普通，定期等の預金種別と預入している金融機関，そして残高，事業未収金ですと金額の多い順に主な先ごとの金額，有価証券はその種類ごとの種別と金額，有形固定資産でしたら主な土地，その所在地と面積，金額，主な建物，その所在地，構造と面積，金額を記載することになります。貸借対照表のように勘定科目名と金額を記載するだけではないのです。ちなみに，財産目録の会計監査では，預金残高については金融機関発行の残高証明と，事業未収金については債務者からの残高確認書と，土地・建物については登記簿謄本とを照合して，その実在性を検証します。このように詳細な内容を表記するのですから結構手間がかかります。

第7章
附属明細表

　医療法人が作成する主な計算書類は，一会計期間の末日時点の財政状態を示す貸借対照表と，一会計期間の運営状況を示す損益計算書です。これらの計算書類そのものの表示は簡素化されており，結果のみが表示されているといっても過言ではありません。附属明細表には，この結果に至る過程について，計算書類の読者の理解が得られるような解説が求められているのです。この附属明細表は，一般事業会社に適用されている会社法での附属明細書，公開会社に適用される金融商品取引法での附属明細表と同様に，主要な勘定科目の詳細な内容を表示するものです。

7-1 附属明細表の意義

1. 附属明細表の意義

　附属明細表は，医療法人の財務諸表体系の１つとして重要な役割を果たしています。このような明細資料は，一般の会社に適用されている会社法の規定に倣って制度化されてきています。ですから，医療法人の計算書類の読者（＝利用者）にとって容易に受け入れられるものになっています。

　基本的な計算書類である貸借対照表，損益計算書の表示を簡素化する一方で，その詳細な内容を説明するために設けられた計算書類の１つになります。これは，附属明細表が，計算書類の作成に求められている明瞭表示と重要性を認識した上で作成が求められており，計算書類体系の重要な地位を占めていることを示しています。

　医療法第51条第２項に定める一定規模以上の医療法人には附属明細表の作成が求められており，その種類は次に掲げるものです。

① 有形固定資産等明細表

② 引当金明細表

③ 借入金等明細表

④ 有価証券明細表

⑤ 事業費用明細表

　病院会計準則で作成を求められている附属明細表は，純資産明細表，固定資産明細表，貸付金明細表，借入金明細表，引当金明細表，補助金明細表，資産につき設定している担保権の明細表，給与明細表，本部費明細表の９つになります。他の計算書類や注記で補完されているものもありますが，目的の違いが明らかになっています。

上記①から順を追って表示内容について説明します。

7-2　附属明細表の表示

1. 有形固定資産等明細表

　医療法人は，病院を始め診療所，諸施設を有する場合が多いため，その増減と期首・期末の計上額，そして減価償却累計額の多寡によって老朽化の程度を知ることができます。明細表のタイトルに「等」となっていますが，有形固定資産以外に無形固定資産とその他の資産の表示が求められているからです。その様式は次のとおりです。

法人名 _____ ※医療法人整理番号 □□□□□

所在地 _____

有 形 固 定 資 産 等 明 細 表

資産の種類		前期末残高 （千円）	当期増加額 （千円）	当期減少額 （千円）	当期末残高 （千円）	当期末減価償却累計額又は償却累計額 （千円）	当期償却額 （千円）	差　引 当期末残高 （千円）
有形固定資産								
	計							
無形固定資産								
	計							
その他の資産								
	計							

1．有形固定資産、無形固定資産及びその他の資産について、貸借対照表に掲げられている科目の区分により記載すること。

2．「前期末残高」、「当期増加額」、「当期減少額」及び「当期末残高」の欄は、当該資産の取得原価によって記載すること。

3．当期末残高から減価償却累計額又は償却累計を控除した残高を、「差引当期末残高」の欄に記載すること。

4．合併、贈与、災害による廃棄、滅失等の特殊な事由で増加若しくは減少があった場合又は同一の種類のものについて資産の総額の1％を超える額の増加は、その事由を欄外に記載すること。若しくは減少があった場合（ただし、建設仮勘定の減少のうち各資産科目への振替によるものは除く。）

5．特別の法律の規定により資産の再評価が行われた場合その他特別の事由により取得原価の修正が行われた場合には、当該再評価差額等については、「当期増加額」又は「当期減少額」の欄に内書（括弧書）として記載し、その増減の事由を欄外に記載すること。

6．有形固定資産又は無形固定資産の金額が資産の総額の1％以下である場合又は有形固定資産及び無形固定資産の当該会計年度におけるそれぞれの増加額及び減少額がいずれも当該会計年度末における有形固定資産又は無形固定資産の総額の5％以下である場合には、有形固定資産又は無形固定資産に係る記載中「前期末残高」、「当期増加額」及び「当期減少額」の欄の記載を省略することができる。なお、記載を省略した場合には、その旨注記すること。

2．引当金明細表

引当金明細表には，資産から控除して表示する貸倒引当金と，負債に計上する賞与引当金，退職給付引当金等を一表にまとめて作成することになります。引当金明細表は病院会計準則でも作成を求められていますが，企業会計や会社法でも要求されている代表的な明細資料になります。当期減少のうち目的使用は引当金の計上目的の事実が発生したことによる取崩で，

その他とは引当金の目的外使用や引当金の繰入方法を洗替方式によっている場合が考えられます。その様式は次のとおりです。

法人名 _____   ※医療法人整理番号 | | | | |
所在地 _____

引　当　金　明　細　表

区　　　　分	前期末残高 （千円）	当期増加額 （千円）	当期減少額 （目的使用） （千円）	当期減少額 （そ　の　他） （千円）	当期末残高 （千円）

1．前期末及び当期末貸借対照表に計上されている引当金について、設定目的ごとの科目の区分により記載すること。
2．「当期減少額」の欄のうち「目的使用」の欄には、各引当金の設定目的である支出又は事実の発生があったことによる取崩額を記載すること。
3．「当期減少額」の欄のうち「その他」の欄には、目的使用以外の理由による減少額を記載し、減少の理由を注記すること。

3. 借入金等明細表

　この明細表では短期と長期の借入金の期首・期末の残高を記載します。借入利率の異なる複数の借入金がある場合には，脚注のとおり平均利率は加重平均利率を算出します。その他の有利子負債には，医療機関債等の債務を記載します。

法人名 _____ ※医療法人整理番号 ☐☐☐☐☐
所在地 _____

借　入　金　等　明　細　表

区　　　分	前 期 末 残 高 （千円）	当 期 末 残 高 （千円）	平均利率 （％）	返済期限
短期借入金				－
１年以内に返済予定の 長期借入金				
長期借入金（１年以内に 返済予定のものを除く。）				
その他の有利子負債				
合　　　計			－	－

1．短期借入金、長期借入金（貸借対照表において流動負債として掲げられているものを含む。以下同じ。）
　　及び金利の負担を伴うその他の負債（以下「その他の有利子負債」という。）について記載すること。
2．重要な借入金で無利息又は特別の条件による利率が約定されているものがある場合には、その内容を欄外
　　に記載すること。
3．「その他の有利子負債」の欄は、その種類ごとにその内容を示したうえで記載すること。
4．「平均利率」の欄には、加重平均利率を記載すること。
5．長期借入金（１年以内に返済予定のものを除く。）及びその他の有利子負債については、貸借対照表日後
　　５年内における１年ごとの返済予定額の総額を注記すること。

4．有価証券明細表

　この有価証券明細表では，流動資産と固定資産に計上した有価証券に区分し，更に銘柄ごと及び保有目的ごとに記載します。貸借対照表価額は満期保有債券では償却原価法を適用した価額，その他の有価証券については期末時価額を記入します。

法人名 _____

所在地 _____

※医療法人整理番号 [ ][ ][ ][ ][ ]

有 価 証 券 明 細 表

【債 券】

銘　　　　　　　柄	券 面 総 額 （千円）	貸借対照表価額 （千円）
計		

【その他】

種 類 及 び 銘 柄	口 数 等	貸借対照表価額 （千円）
計		

1．貸借対照表の流動資産及びその他の資産に計上されている有価証券について記載すること。

2．流動資産に計上した有価証券とその他の資産に計上した有価証券を区分し、さらに満期保有目的の債券及びその他有価証券に区分して記載すること。

3．銘柄別による有価証券の貸借対照表価額が医療法人の純資産額の1％以下である場合には、当該有価証券に関する記載を省略することができる。

4．「その他」の欄には有価証券の種類（金融商品取引法第2条第1項各号に掲げる種類をいう。）に区分して記載すること。

5．事業費用明細表

　この事業費用明細表は医療法人独自の明細表で，損益計算書では事業費用の内訳が示されていないので，その費用の明細を明らかにするために作成されるのです。記載内容に関しては次のように示されており，その記載方法には2方法の選択適用が認められています。

> 　事業費用明細表は，以下のいずれかの内容とする。
>
> イ　中区分科目別に，損益計算書における費用区分に対応した本来業務事業費用（本部を独立した会計としている場合には，事業費と本

部費に細分する。），附帯業務事業費用及び収益業務事業費用の金額を表記する。この場合に，中区分科目の細区分として形態別分類を主として適宜分類した費目を合わせて記載することができる。

□　損益計算書における事業費用の本来業務，附帯業務及び収益業務の区分記載に関わらず，形態別分類を主として適宜分類した費目別に法人全体の金額を表記する。この場合に，各費目を中区分科目に括って合わせて記載することができる。

なお，中区分科目は，売上原価（当該医療法人の開設する病院等の業務に附随して行われる売店等及び収益業務のうち商品の仕入れ又は製品の製造を伴う業務にかかるもの），材料費，給与費，委託費，経費及びその他の費用とする。　　　　　　　　　　　　　　（運用指針 27）

上記イの表示方法では，損益計算書の費用区分に対応しているため容易に計上額の突合が可能ですが，ロの方法による場合には損益計算書の各費用区分とは突合せず，総額で一致することになります。計算書類の利用者に対して，附属明細表の提供を意図するかによっていずれかを採用することになります。

様式第九の一号

法人名 _____
所在地 _____

※医療法人整理番号 | | | | | |

事業費用明細表

(単位：千円)

区　分	本来業務事業費用			附帯業務事業費用	収益業務事業費用	合　計
	事　業　費	本　部　費	計			
材料費						
給与費						
委託費						
経費						
売上原価						
その他の事業費用						
計						

1．売上原価には、当該医療法人の開設する病院等の業務に附随して行われるもの（売店等）及び収益業務のうち商品の仕入れ又は製品の製造を伴う業務について記載すること。
2．中科目区分には、それぞれ細区分を設け、売上原価については、商品（又は製品）期首たな卸高、当期商品仕入高（又は当期製品製造原価）、商品（又は製品）期末たな卸高を、材料費、給与費、委託費、経費及びその他の費用については、その内訳を示す費目を記載する様式によることもできる。
3．その他の事業費用には、研修費のように材料費、給与費、委託費及び経費の二つ以上の中区分に係る複合費として整理した費目を記載する。

法人名 _____ ※医療法人整理番号 ☐☐☐☐☐
所在地 _____

事 業 費 用 明 細 表
（自 平成 　年 　月 　日 至 平成 　年 　月 　日）

（単位：千円）

科　　　　　目	金	額
Ⅰ　材料費		
： ：	： ×××	×××
Ⅱ　給与費		
給料	×××	
：	×××	
：	：	
：	×××	×××
Ⅲ　委託費		
検査委託費	×××	
：	×××	
：	：	
：	×××	×××
Ⅳ　経費		
減価償却費	×××	
：	×××	
：	：	
：	×××	×××
Ⅴ　売上原価		
商品（又は製品）期首たな卸高	×××	
当期商品仕入高（又は当期製品製造原価）	×××	
商品（又は製品）期末たな卸高	×××	×××
Ⅵ　その他の事業費用		
研修費	×××	
：	×××	
：	：	
：	×××	×××
事　業　費　用　計		×××

1．売上原価には、当該医療法人の開設する病院等の業務に附随して行われるもの（売店等）及び収益業務の
うち商品の仕入れ又は製品の製造を伴う業務について記載すること。
2．ⅠからⅥの中科目区分は、省略する様式によることもできる。
3．その他の事業費用には、研修費のように材料費、給与費、委託費及び経費の二つ以上の中区分に係る複合
費として整理した費目を記載する。

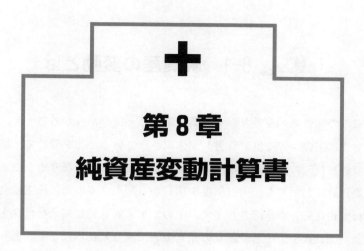

第8章
純資産変動計算書

　純資産計算書は医療法に定める一定の条件に該当する医療法人に作成が求められる計算書類の1つです。貸借対照表に表示されている純資産の部の期首から期末までの間の各勘定の増減を一表に表すものです。

　貸借対照表上で従来資本の部とされていましたが，株主資本以外の項目が加わり，純資産の部となりました。

8-1　純資産の変動とは

　従来この純資産の変動という言葉を聞くことはなかったのですが，企業会計で「株主資本等変動計算書」が作成されていることを受けて，純資産の部の各科目間の変動及び増減の内容を表示することになりました。

　企業会計においても，会計年度の期首から期末までの間に株主総会が開催されて利益処分が承認されます。その結果未処分利益剰余金は株主への配当金，役員賞与，そして諸々の積立金等に繰り入れられます。そうしますと，期首即ち前期末と当期末の貸借対照表の純資産の部の各勘定科目の計上額に連続性が失われています。そこで，期中にあった利益処分や増減資等の資本取引を明らかにすることで，上記の連続性を確保するのです。

　医療法人が作成する純資産変動計算書も，企業会計の趣旨と同様に，純資産の部の期首と期末の連続性を繋ぐ役目を負っているのです。

　医療法人の純資産の部は，数度に亘る医療法の改正とそれに伴う会計処理の変更によって複雑になっており，改正前の既得権も生きているため，その経緯を追いかける必要があります。この純資産の部では如実にその事実が表示されることになります。

　医療法人における純資産の部の特徴を検討報告書で「剰余金の処分に係る会計処理」として次のように述べています。

　医療法人は，定款又は寄付行為で剰余金の処分項目が定められていることが多いが，配当が禁止されているため法人外流出が発生することはない。また，予算の作成も必須であり，このための社員総会又は理事会が新年度開始前に開催されることとなっている。このため，剰

余金の処分は当該年度終了前にその内容を決定し，当該年度の決算数値に織り込むことが望ましいと判断し，本基準では，貸借対照表項目における未処分利益剰余金を存在させることとしていない。また，損益計算書のボトムラインは「当期純利益」としており，貸借対照表との関連がそのままでは明確にならないので，注記表にて，純資産の増減を項目として掲げることにより明らかにすることとしている。

現在の医療法第54条で，非営利という組織体であることから医療法人の剰余金の配当を禁止しています。この文中で「本基準」と言っているのは厚生労働省令で定める医療法人会計基準ではなく，この検討報告書に収載されている医療法人会計基準のことです。

ここで注目する指摘をしています。医療法人の剰余金の処分のタイミングの問題です。医療法人の当該年度終了前に開催される最高意思決定機関である社員総会又は理事会で，次年度の予算案承認に合わせて当該年度の剰余金の処分方針・内容も決定すると言う点です。そうしますと，当該年度末時点で剰余金の処分内容は確定し，そのことを決算に織り込むことができることになります。

8-2 純資産の構成

　純資産の部は次の各科目によって構成されています。

（1）基金又は出資金

　社団医療法人では，出資金又は基金勘定が残っている例もあります。

（2）積　立　金

①　代　替　基　金

　基金制度を有する社団医療法人で，基金の返還があった場合に，基金の減少分を繰越利益積立金で補填した際に計上される勘定科目です。

②　○○積立金

　繰越利益積立金から目的を特定した積立金に振り替えた場合に，その名称を付して計上する勘定科目です。

③　繰越利益積立金

　損益計算書の最終結果である純利益をこの科目で受け入れることになります。

（3）評価・換算差額等

①　その他有価証券評価差額金

　保有するその他有価証券の期末における時価で評価換えを行い，帳簿価格と時価との差額である評価差額を純資産の部のこの科目で受け入れます。

②　繰延ヘッジ損益

　繰延ヘッジ損益とは，ヘッジ手段である先物取引等で時価評価されているヘッジ手段に係る損益又は評価差額を，ヘッジの対象物に係る損益が実現するまで，当該ヘッジ取引に係る含み損益を純資産の部に計上するものです。

8-3　純資産変動計算書の様式

純資産変動計算書に関して，

　純資産変動計算書は，純資産の部の科目別に前期末残高，当期変動及び当期末残高を記載する。なお，当期変動額は，当期純利益，拠出額，返還又は払戻額，振替額等原因別に表記する。

　純資産変動計算書の様式は，社財規が適用になる法人を除き，様式第四号によることとする。　　　　　　　　　　　　　　　　（運用指針 26）

　純資産の期中の変動をその原因別に表示する方法によるのであり，この表示方法は上場会社の例と同様になっています。また，社財規が適用になる法人とは，一定規模以上の債券を発行する法人であり，その購入者＝投資家を保護するための法令等が適用されるため，詳細な財務情報と公認会計士による外部監査を義務付けられています。

　純資産変動計算書は次に示す様式第四号によって作成します。

法人名　＿＿＿＿＿＿

所在地　＿＿＿＿＿＿

純資産変動計算書

(自 令和 年 月 日 至 令和 年 月 日)

	基金		積立金			評価・換算差額等			純資産合計
	基金(又は出資金)	代替基金	○○積立金	繰越利益積立金	積立金合計	その他有価証券評価差額金	繰延ヘッジ損益	評価・換算差額等合計	
令和 年 月 日 残高	xxx	xxx	xxx	xxx		xxx	xxx	xxx	xxx
会計年度中の変動額									
当期純利益			xxx	xxx	xxx				xxx
会計年度中の変動額合計	xxx	xxx	xxx	xxx	xxx	xxx	xxx	xxx	xxx
令和 年 月 日 残高	xxx	xxx	xxx	xxx	xxx	xxx	xxx	xxx	xxx

1. 純資産の変動事由及び金額の掲載は、概ね貸借対照表における記載の順序によること。
2. 評価・換算差額等は、科目ごとの記載に代えて評価・換算差額等の合計額を、前会計年度末残高、会計年度中の変動額及び会計年度末残高に区分して記載することができる。この場合には、科目ごとのそれぞれの金額を注記すること。
3. 積立金及び純資産の各合計欄の記載は省略することができる。

第9章
個別論点の実務上の対応

　医療法人会計基準では，会計処理について詳細に規定してはいません。そのため，他の基準・準則等を検討して，作成する計算書類が読者に適正な会計情報を提供し得るよう，個々の会計処理実務について論じる必要が生じました。

　本章では個別の会計事象について，実務上の対応を説明しています。

9-1　リース取引の会計処理について

1. リース会計の意義

　MRI やダ・ヴィンチ，陽子線，重粒子線，MRIdian 等々の新たな医療機器が登場してきています。医療技術の進歩は日進月歩で，それに支えられた遺伝子解析も話題になっており，かつて不治の病，治療困難とされた疾病を克服し，平均寿命を延ばしています。このような医療の進歩に欠かせないのが，先端技術を用いた医療機器の登場です。このような医療機器の開発には多額の研究開発投資が必須であり，医療機器の価額が数億円になる例も珍しくありません。

　医療機関にとって新しい医療機器の調達は，良質な医療サービスの提供には欠かせません。しかし，このような医療機器の価格は高額になっており，そのための資金調達を考えますと容易には購入できません。現在の病院には多くのしかも高額な医療機器の設置が医療の現場で求められ，その意味では装置産業と言われるほどに固定資産への多額な投資が行われています。

　このような状況下で，病院が医療機器メーカーや商社から買うことに代えて，リース契約によって調達しているのが多くの例です。このリース契約によって病院は毎月決められた賃借料（リース料）を支払っており，会計処理では機器賃借料として事業費に計上されています。しかし，そのリース契約の実態は単に機器の賃貸借関係なのでしょうか。

　一般企業においても，製造機械装置をリース契約によって調達している例が多いのです。しかし，そのリース料を経費として処理しますと，製造業でありながら生産設備を持たない企業となります。そして，そのリース

契約そのものが，レンタ・カーのように使わなくなったらリース会社に返還するという約定になっていないのもが多いのです。当初に決められたリース期間は必ず使用し，その期間経過前に契約解除する場合には，残るリース期間に係るリース料を違約金として負担しなければならない契約になっているのです。つまり，リース会社としては，そのリース契約によって貸し付けている資産の使用可能期間をリース期間とし，その期間経過後は減価償却済みとなるようにリース料を計算しているのです。となりますと，リース会社は自ら所有する資産を賃貸しているというよりも，当該資産を代金分割で販売していることと経済的には何ら変わりません。このような点に着目して，リース会計が論じられたのです。

 Reference

　リース会社の属するカテゴリーは，資産貸出会社ではなく，金融業なのです。このことがリース取引を金融取引とする合理的な理由があるようですね。

　リース取引はファイナンス・リース取引とオペレーティング・リース取引に区分し，ファイナンス・リース取引については，通常の売買取引に係る方法に準じて会計処理を行う。　　　　　　（準則注解12）

この会計処理が一般に「リース会計」と言われるものなのです。

2．リース取引の分類

　リース取引ですが，前記の準則注解12記載されているように2種類に分けられます。ファイナンス・リースとオペレーティング・リースです。この2つの取引は，共にリース契約によってリース物件の賃貸借が行われる

ことになるのですが，その経済的実態の相違によって区分されます。ファイナンス・リース取引は次の**3.** に要件が示されています。また，オペレーティング・リース取引とは，ファイナンス・リース取引以外のものであり，通常の賃貸借取引を言います。オペレーティング・リース取引の簡単な例としては，安価な料金で使用でき，利用後すぐに返却できるレンタ・カーのような取引を言います。

3. ファイナンス・リース取引の要件

　契約としては資産の賃貸借契約になっていますが，その経済的実態が資産の売買と考えられるリース取引をファイナンス・リース取引と言います。このファイナンス・リース取引は，「リース契約に基づくリース期間の中途において当該契約を解除することが出来ないリース取引又はこれに準ずるリース取引で，借り手が，当該契約によって使用する物件からもたらされる経済的利益を実質的に享受することができ，かつ，当該リース物件の使用に伴って生じるコストを実質的に負担することとなるリース取引をいう。」（リース取引の会計処理及び開示に関する実務指針）と定義されています。

　つまり，ファイナンス・リース取引に該当するか否かの判断基準は，

①　解約不能

　リース契約に基づくリース期間の中途において契約の解除ができないもの。中途で解除した場合に，残存リース期間に係るリース料相当額の違約金を課される場合も同様です。

②　フルペイアウト

　リース物件を使用する経済的利益を実質的に享受する。つまり，当該リース資産の効用をすべて享受することを言います。また，リース物件の使用によって生じるコストを実質的に負担することとなる。つまり

リース料総額が，当該リース物件の取得価額と必要経費を賄っていることを言います。

の2つの条件を満たすものと考えられます。

4. ファイナンス・リース取引の会計処理

ファイナンス・リース取引については，原則として当該リース資産の売買取引として会計処理をすることになります。つまり，リース物件を自己が取得した資産として計上すると共に，未だ支払期限が到来していないリース料を未払リース料として債務を計上するのです。

ただ，通常のリース取引におけるリース料の中には，リース物件の取得価額とリース期間にかかる金利，リース物件の維持保守料も加算されていますので，取得価額以外のリース料支払額はリース物件の資産価額には含まれません。簡単な計算例を示します。

【例】

　　　リース期間：5年間

　　　リース料総額：10,000,000 円

　　　リース料に含まれる金利の額：800,000 円

　　　リース料に含まれる維持保守料：200,000 円

としますと，リース物件の資産計上額は9,000,000 円となり，

仕訳は，

　　　（借方）　資産　　9,000,000　　（貸方）　未払金　　9,000,000

となり，当該資産を耐用年数に亘って減価償却を行うことになります。

つまり，支払リース料に代わって減価償却費，支払利息及び営繕費等が計上されることになるのです。

5. リース会計と重要性の原則

リース契約によって使用している機器には多様なものがあり，高額な診療検査機器からパソコンやコピー機のような事務用機器まで，リース契約の適用範囲は広範に及んでいます。果たして少額なリース契約まで，資産の売買取引としての会計処理を求める必要があるのかと言いますと，そこには事務処理上の煩雑さと金額的な影響額を比較考量して，簡便な処理が許容されると考えるのです。その金額的重要性の判断基準ですが，

ファイナンス・リース取引については，通常の売買取引に係る方法に準じて会計処理を行うことを原則とするが，以下の場合には，賃貸借処理を行うことができる。

① リース取引開始日が，本会計基準の適用前の会計年度である，所有権移転外ファイナンス・リース取引

② リース取引開始日が，前々会計年度末日の負債総額が200億円未満である会計年度である，所有権移転外ファイナンス・リース取引

③ 一契約におけるリース料総額が300万円未満の，所有権移転外ファイナンス・リース取引

なお，賃貸借処理をしたファイナンス・リース取引がある場合には，貸借対照表科目に準じた資産の種類ごとのリース料総額及び未経過リース料の当期末残高を，会計基準第22条第8号の事項として注記するものとする。 　　　　　　　　　　　　　　　　　　　　　　（運用指針9）

としています。上記の「所有権移転外ファイナンス・リース」ですが，具体的には次の3要件のいずれにも**該当しない取引**が該当します。

Ⅰ）リース契約上，リース期間満了後又はリース期間の中途でリース物件の所有権が借手に移転する場合。

Ⅱ）リース契約上，借手に対してリース期間満了後又はリース期間の中

途で，リース物件の価額に比して著しく有利な価額で買い取る権利が
付与されており，その行使が確実に予想される場合。

Ⅲ）リース物件が相手の用途等に合わせて特別の仕様により製作又は製
造されており，当該リース物件の返還後，貸手が第3者に再びリース
又は売却するのが困難なため，その使用可能期間を通じて借手によっ
てのみ使用されることが明らかな場合。

6. リース資産の表示

　ファイナンス・リース取引にリース会計を適用した場合の財務諸表へ
の表示方法について，次のようにQ&Aで解説されています。

> 　資産計上されるリース資産については，原則として有形固定資産，
> 無形固定資産に属する各科目に含めて表示することになるが，医療法
> 人会計基準における貸借対照表の様式（様式1号）の注書きにおいて，
> 「別に表示することが適当と認められるものについては，当該資産，
> 負債，純資産を示す名称を付した科目をもって，別に掲記することを
> 妨げない」とされていることから，例えばリース資産を有形固定資産
> と無形固定資産に区分したうえで，それぞれ一括して「リース資産」
> として計上することも認められる。
>
> 　また，リース債務についてはリース取引に関する会計基準（平成19
> 年3月30日企業会計基準委員会）を適用して，原則として流動負債ま
> たは固定負債に「リース債務」として計上することとなる。
>
> (Q&A10)

　ファイナンス・リース契約によって使用している資産と未経過期間のリー
ス料を，他の資産，負債とは区分して表示することを適切な表示方法とし
ています。実務的にもこのような表示をしている例が多くなっています。

9-2　有価証券の評価

1. 金融商品の意義

　医療法人が保有する有価証券や金融商品，そして金銭債権の会計処理には，「金融商品に係る会計基準」が適用されることになります。従来は取得原価基準に基づいて，その取得価額を貸借対照表に計上していればよかったのですが，新たな企業会計では上記の会計基準が適用され，医療法人もこの基準に準拠することになりました。その点が基準に示されているのが，「満期保有の債券」といった表現です。上記の「金融商品に係る会計基準」の概要を説明します。

　この基準では有価証券を4つのカテゴリーに分けています。①売買目的有価証券，②満期保有目的の債券，③子会社株式及び関連会社株式，④その他有価証券の4つで，それぞれに対する会計処理方法が定められています。医療法人は保有することが想定される有価証券は②と④です。①の有価証券は法人が有価証券の取引を事業の一環として行うために所有するものですし，③の株式は事業会社を前提にした企業グループを捉えたもので，医療法人には例外的でしょう。

2. 貸借対照表への表示

　有価証券の表示に関しては，準則第19の規定を受けて注解10で，売買目的有価証券及び1年以内に満期の到来する有価証券は流動資産に計上するものとし，流動資産に属さない有価証券を固定資産に計上する旨を定めています。従来の短期所有目的と長期所有目的による区分から，上記の意義で触れたように金融商品に係る会計基準に従った区分になります。

有価証券の区分に関して，準則でも4つのカテゴリーに分けており，順に説明しましょう。

① 売買目的有価証券

売買目的有価証券ですが，新たに登場した有価証券の概念です。売買目的とは，「時価の変動により利益を得ることを目的として保有する」こととされており，事業の目的として有価証券の売買を業としている場合に，その目的どおりに保有する有価証券を指します。

現実に医療法人がこのような有価証券を保有することは少ないと思われます。

Reference

以前医療法人が株式の買占めをして，高値でその企業のメインバンクに高値で買い取らせた事例がありますが，これは異例な事例であり，これを前提に会計基準を論じる訳にはいきませんよね。

② 満期保有目的の債券

資金運用方法の1つとして，債券投資によることが考えられます。債券はその発行条件によって，市中金利の変動を受けて時価の変動を伴うものです。しかし，その債券を償還期限が到来するまで保有するのであれば，時価が如何に変動しようが満期時には券面額が償還されますので，市場における時価の変動を気にすることはありません。このように満期まで保有する目的で取得する債券を1つの区分にしています。

③ その他有価証券

上記②の満期保有目的の債券とその他有価証券の区分については，準則

で以下のように説明しています。

---

1. その他有価証券とは，売買目的有価証券，満期保有目的の債券以外の有価証券であり，長期的な時価の変動により利益を得ることを目的として保有する有価証券や，政策的な目的から保有する有価証券が含まれることになる。

2. 余裕資金等の運用として，利息収入を得ることを主たる目的として保有する国債，地方債，政府保証債，その他の債券であって長期的保有の意思をもって取得した債券は，資金繰り等から長期的には売却の可能性が見込まれる債券であっても，満期保有目的の債券に含めるものとする。 (準則注解18)

---

④ 子会社及び関連会社株式

　医療法人が保有する有価証券のうちには，治験等の受託事業等で親密な関係にある会社の株式等を保有する例やメディカル・サービス会社を設立する例もありますが，そのような株式は政策的な見地から保有しているもので，その他有価証券の区分に計上されることになります。

　実際に医療法人が保有する有価証券は，満期保有目的の債券か，その他有価証券に該当するものと考えられます。

3. 有価証券の評価基準

　有価証券の原則的な評価基準は次のとおりです。

　有価証券の評価基準は，それぞれの区分毎に定められています。有価証券については，売買目的有価証券，満期保有目的の債券，その他有価証券に区分し，次のように評価する。

1. 売買目的有価証券は，時価で評価し，評価差額は損益計算書上，損

益として計上する。

2. 満期保有目的の債券は，取得原価をもって貸借対象表価額とする。ただし，債券を債券金額より低い価額又は高い価額で取得した場合においては，取得価額と債券金額との差額の性格が金利の調整と認められるときは，償却原価法に基づいて算定された価額をもって貸借対照表価額としなければならない。償却原価法とは，債券を債券金額より低い価額又は高い価額で取得した場合において，当該差額に相当する金額を償還期に至るまで毎期一定の方法で貸借対照表価額に加減算する方法を言う。なお，この場合には，この加減額を受取利息に含めて処理する。

3. その他有価証券は時価で評価し，評価差額は，貸借対照表上，純資産の部に計上するとともに，翌期首に取得原価に洗い替えなければならない。

　なお，満期保有目的の債券及びその他のうち市場価格のあるものについて時価が著しく下落したときは，回復する見込みがあると認められる場合を除き，時価をもって貸借対照評価額とし，評価差額は当期の費用として計上しなければならない。　　　　　（準則注解 17）

（1）　売買目的有価証券の評価

　さて，前述のように売買目的有価証券はあまり例がないのではないかと記述しましたが，一応解説します。売買目的ということですから，その時価の変動をその年度の損益計算書に反映することになります。売却はしていませんので，損益は実現していませんが，時価を貸借対照表に反映しませんと財政状態を適正に表せないと考えるのです。貸借対照表への表示額の変動分を損益計算書に損益として計上することになります。

（2）　満期保有目的の債券の評価

　満期保有目的の債券は，満期まで保有する目的ですので，満期までの期間の債券の時価の変動は考慮することがなく，取得原価で計上することになります。但し，その取得原価が券面額と異なる場合には，その差額を満期までの期間に亘り調整して，満期償還時の貸借対照表価額を券面額と同額とするように調整することになります。所謂，アキュームレーション（券面額より取得原価が安い場合）又はアモーチゼーション（券面額より取得原価が高い場合）によることになります。この調整額は受取利息に加減算することになります。債券市場ではハイクーポン債が高値で取引されており，利払期には預金金利よりも多額のクーポンが受け取れますが，その債券の償還期には多額の償還損が生じます。世の中にうまい話はないのですよね。

> 　有価証券の評価基準及び評価方法については重要な会計方針に該当し，満期まで保有する意図をもって保有する社債その他の債券は償却原価法によることになるが，取得価額と債券金額との差額について重要性が乏しい満期保有目的の債券については，重要性の原則の適用により，償却原価法を採用しないことができる。　　　　　（運用指針11）

　この運用指針はこの本の出版時期を反映しています。債券の利回りが極めて低く，且つハイクーポン債もありませんので，取得価額と債券金額との差額があまり目立ちません。そのような場合には重要性の原則を適用して償却原価法を採らない選択肢もあるのです。

（3）　その他有価証券

　上記（1），（2）以外の有価証券を，その他有価証券としています。基準においても次のように時価によって評価する旨を定めています。

> 　市場価格のある有価証券（満期まで所有する意図をもって保有する債券（満期まで所有する意図をもって取得したものに限る。）を除く。）については，時価を以て貸借対照表価額とする。（基準第11条）

　この有価証券の簿価と時価の差額は，貸借対照表の純資産の部に「その他有価証券評価差額金」として計上され，損益計算書に損益として計上されることはありません。

（4）　有価証券の減損処理

　売買目的有価証券以外の有価証券のうち時価のあるものについて，時価が著しく下落した時は，回復する見込みがあると認められる場合を除き，当該時価をもって貸借対照表価額とする。従来からある強制低価評価です。この「著しく下落」とは，取得原価の50％程度以上下落した状態を言います。また「回復する見込みがあると認められる場合を除き」としていますが，この時価の回復可能性は神のみぞ知るという株価の予測であり，またこの表現をよく読んでみますと回復不明の場合はどうなるのかと言う疑問です。そこで「回復する見込みがある」と認められる場合を定義することになります。時価の下落が一時的なものであり，期末日後おおむね1年以内に時価が取得原価にほぼ近い水準まで回復する見込みのあることを合理的な根拠をもって予測できる場合です。この合理的な根拠ですが，期末日後における市場価格の推移及び市場環境の動向，最高値・最安値と購入価格との乖離状況，当該有価証券の発行会社の業況等の推移等，時価下落の内的・外的要因を総合的に勘案して検討することが必要であるとしています。但し，時価が過去2年間に亘り著しく下落した状態にある場合や，発行会社が債務超過ある場合，2期連続で損失を計上しており，翌期もそのように予測される場合には通常回復可能性があるとは認められません。このように回復可能性について考えることになります。

ここでの減損損失，つまり評価損ですが，損益計算書に計上することになります。

　売買目的有価証券は短期的に利益を稼得する目的で保有するものですので，年度末には時価によって評価し，その評価損益額がその年度の損益計算書に計上されることになります。つまり，売却はしていませんが，その含み損益額を損益計算書に計上することになります。それに対して，その他有価証券の年度末の含み損益は，損益計算書には計上されず，貸借対照表の純資産の部に直接計上されることになります。

 ## 9-3　引当金の会計処理

1.　引当金の計上根拠

　会計上確定債務ではありませんが，負債又は資産から控除する表示方法によって貸借対照表に計上されるのが引当金です。この引当金の計上根拠は以下のように規定されています。

> 　引当金は，将来の特定の費用または損失であって，その発生が当期以前の事象に起因し，発生の可能性が高く，かつ，その金額を合理的に見積もることができる場合に計上するものである。その計上基準は，重要な会計方針として記載することになるが，引当金のうち重要性の乏しいものについては，重要性の原則の適用により，これを計上しないことができる。　　　　　　　　　　　　　　　　（運用指針 12）

　この引当金に関する文書は企業会計原則を準用したもので，計上根拠として，

① 将来の特定の費用又は損失である。

② 発生原因事実が当期以前の事象である。

③ 発生の可能性が高い。

④ 金額を合理的に見積もることができる。

の4要件が必要です。

2. 貸倒引当金

未収金及び貸付金その他の金銭債権について，徴収不能のおそれがある場合には，貸倒引当金として当該徴収不能の見積額を控除するものとする。

2　前項の場合にあっては，取得価額から貸倒引当金を控除した金額を貸借対照表価額とする。 　　　　　　　　　　　　　　　（基準第12条）

医療法人は病院を始め多種の事業を営んでいるのですから，診療報酬等の莫大な未収金が発生しています。

医療未収金等の金銭債権に対する貸倒引当金の計上に関しては，「金融商品会計基準」を適用して考えることになります。この基準では，債権を3つのカテゴリーに分け，それぞれに対して回収可能性を判断し，貸倒引当金を計上することになります。

病院ですと，主な債権は診療報酬の未収金になります。貸付金等の債権ですと，債務者の返済能力の有無によって，3区分のいずれかに該当するかを判断して，各区分ごとに貸倒引当金を計上することになります。ここでは病院特有の入院又は外来等で受診した患者に対する債権を考えてみます。但し，保険診療にかかる支払基金等への請求債権に関しては，貸倒引当金の計上対象とはしません。病院からの保険金給付請求が出された後，基金等では診療の内容を査定し，減額査定がなされるのが常ですが，その

査定減は貸倒れとは内容を異にしておりますので，貸倒れという認識はしないのです。

　これに対して，患者個人に対して請求する未収金は，その延滞状況と患者の支払能力によって３つに区分することになります。

（１）　一般債権の貸倒引当金

　一般債権とは，「経営状態に重大な問題が生じていない債務者に対する債権を言う。」（金融商品会計実務指針 109）としています。外来及び入院患者に対する未収医療債権で，一定期間内に貸倒懸念債権又は破綻更生債権となって回収不能額が出る割合を使って，貸倒引当金を計上します。この一定期間（＝算定期間と言います）ですが，医療未収債権はその発生時から 1，2 月以内に回収される額を除き，後は長期化する傾向がありますが，通常は１年間を貸倒実績率を計算する期間とします。

［計算例］

　20 ＊ 0 年 3 月 31 日　一般債権残高　　　　　　　　　　　　50,000 千円

　20 ＊ 0 年 4 月 1 日〜20 ＊ 1 年 3 月 31 日の回収不能額は

　　　患者の破産による回収不能額　　　　　　　　　　　　500 千円

　　　貸倒懸念債権となったための引当額　　　　　　　　1,200 千円

　　　貸倒実績率　　　　　　　　　（500 ＋ 1,200）÷ 50,000 ＝ 3.4 %

　この例で算出した貸倒実績率を，直近前期の 3 算定期間を計算して，その平均を用いることで，貸倒の平均実績率を求めて，引当金繰入額を計算する方法が考えられます。

　会計年度末の一般債権に対して，このように算出した貸倒実績率を乗じて貸倒引当金を算出します。

（２）　貸倒懸念債権

　貸倒懸念債権とは，「経営破綻の状況には至っていないが，債務の弁済に重大な問題が生じているか又は生じる可能性が高い債務者に対する債権

を言う。」（金融商品会計実務指針 112）としています。医療未収債権発生時より相当期間経過し，固定化している状況で，債務者は破産等をしている訳ではないのですが，督促しても入金がないような未収額を言います。このような債権に対する貸倒引当金の計上方法は，各債務者の状況によることになりますが，一定の繰入率を算出して引当計上することも考えられます。引当率の計算では，算定期間の期首の貸倒懸念債権残高のうち，当該期間末日までに貸倒損失となった額の割合を用いることになります。

[計算例]

20＊0年3月31日貸倒懸念債権残高　　　　　　　　　　　30,000千円

20＊0年4月1日～20＊1年3月31日の債務者の状況で

回収不能となった額　　　　　　　　　　　　　　　　　18,000千円

　　貸倒実績率　　　　　　　　18,000÷30,000＝60％

この貸倒引当率も，3算定期間の平均値を用いることが望ましい。

（3）　破綻更生債権

破綻更生債権とは，「経営破綻又は実質的に経営破綻に陥っている債務者に対する債権を言う。」（金融商品会計実務指針 116）とされ，病院の未収医療債権では，債務者の破産，行方不明，海外失踪等で回収不能となっている債権が該当します。このような場合，ほとんど担保になるものはなく，全額が回収不能となります。病院では，診療から相当期間経過した未収債権があるものですが，その債権を貸倒とするまでの相当期間は，旧国立大学の付属病院で3年経過した債権をみなし消滅として償却しており，この3年間の期間の経過によって貸倒とするのも合理的な方法と考えられます。

[計算例]

20＊0年3月31日貸倒懸念債権残高　　　　　　　　　　　8,000千円

20＊0年4月1日～20＊1年3月31日の債務者の状況で

回収不能となった額	7,200 千円
貸倒実績率	7,200÷8,000＝90 ％

となります。

（4）　簡便な処理

貸倒引当金の計上方法に関して簡便な方法が基準で示されています。

> 前々会計年度末の負債総額が 200 億円未満の医療法人においては，法人税法（昭和 40 年法律第 34 号）における貸倒引当金の繰入限度相当額が取立不能見込額を明らかに下回っている場合を除き，その繰入限度額相当額を貸倒引当金に計上することができる。（運用指針 12）

この簡便計算は負債総額 200 億円未満の医療法人に対して，上記（1）～（3）の計算に代えて，法人税法で定める法定繰入率によることを許容しているのです。

3.　退職給付引当金
（1）　退職給付会計の意義

医療法人も一般企業と同様に，医師，看護師，検査技師，職員等の従業員を雇用し，雇用契約に退職金の支給が謳われていれば退職金の支払義務があります。労働法制上で作成を求められる就業規則に退職金支給に係る条項は「相対的必要記載事項」とされており，雇用契約上必ず支給しなければならないものではありません。ただ，実務慣行として多くの法人で退職金制度が整備されており，この退職金の支払いに備えるために，従来より退職給与引当金を毎年引き当ててきました。でも，この退職給与引当金の計上方法として一般的に採られていた方法は，すべての従業員が年度末に自己都合で一斉に退職したと仮定して，その際に支払うべき退職金を計算の基礎として算出する方法でした。しかし，この方法は非現実的な状況

を前提としているばかりではなく，定年退職のように自己都合退職より退職金が高額となる場合を無視しています。

　日本では既に高齢化社会を迎えており，戦後ベビー・ブーム以後の世代が相次いで定年を迎えている現状で，この退職金支給による医療法人の財政的な負担は益々高まってきています。

　退職給付会計は，従来の退職給与引当金の計上に代えて，医療法人（＝企業）が負担すべき退職金債務を明確にすることを目的にして導入されたのです。

（2）　退職給付の計上

　退職給付については次のように示しています。

　退職給付引当金は，退職給付に係る見積債務額から年金資産額等を控除したものを計上するものとする。当該計算は，退職給付に係る会計基準（平成10年6月16日企業会計審議会）に基づいて行うものであり，下記事項を除き，企業会計における実務上の取扱いと同様とする。

①　本会計基準適用に伴う新たな会計処理の採用により生じる影響額が（適用時差異）は，通常の会計処理とは区分して，本会計基準適用後15年以内の一定の年数又は従業員の平均残存勤務年数のいずれかの短い年数に渡り定額法により費用処理することができる。

②　前々会計年度末日の負債総額が200億円未満の医療法人においては，簡便法を適用することができる。

　なお，適用時差異の未処理残高及び原則法を適用した場合の退職給付引当金の計算の前提とした退職給付債務等の内容は，会計基準第22条8号の事項として注記するものとする。　　　　　　　（運用指針12）

　この退職給付に係る会計処理ですが，平成12年度より「退職給付に係る

会計基準」が一般企業に適用され，退職給付債務（引当金）が従来の退職給与引当金に代えて計上されています。

　医療法人は，医師，看護師，その他のコメディカル，そして事務員と，多くの人を雇用して経営しており，いわば労働集約的な事業形態とも考えられます。そのために，雇用している従業員に対する将来の退職金の支給は，経営にとって大きな課題となっていました。引当計上されている負債額と現実に支払う退職金とに乖離が生じてきており，将来の退職金破綻になりかねないとの危惧も囁かれています。

 Reference

　　この退職給付債務に係る会計処理の適用では，多くの従業員を雇用する企業に大きな影響を及ぼしました。従来引当計上していた期末要支給額に比べて，退職給付債務による引当額の追加は相当な額に上り，これを一気に計上するとその年度は赤字に転落してしまう企業もあったのです。そこで影響を緩和するための措置として最長15年までの繰延べを許容したのです。

（3）　退職給付債務の計算

　退職給付債務は，退職時に見込まれる退職給付の総額（退職給付見込額と言います）のうち，期末までに発生していると認められる額を一定の割引率及び予想される退職時から現在までの期間（残存勤務期間と言います）に基づき割引計算をして算出することになります。

　退職給付見込額は，現在の給与額に将来の昇給率と退職時の退職金支給率を乗じて計算することになります。また，全従業員が定年まで勤務するとは限りませんので，予定退職率を考慮する事になります。期末までに発生している退職給付額は，退職給付見込額に退職時の勤務年数に対する期

末までの勤務年数の比率を乗じて計算することになります。このようにして算出した期末の退職給付債務は，将来支給するべき退職金の額を基準に計算していますので，それを現在価値に引き直す必要がありますので，割引率によって現在価値額にする事になります。また，従業員も人間ですので，死亡率も考慮することになります。

このように説明しますと，相当に複雑な計算をすることになると感じられたのではないでしょうか。実務的には，生命保険会社か信託銀行に依頼して，期末の退職給付債務額を計算してもらっているのです。そして，各事業年度では，発生した退職給付費用を損益計算書に費用計上しているのです。

（4）　退職給付の簡便計算

多くの会社では，退職給付債務額を外部の生命保険会社等に計算依頼して，その額を財務諸表に反映させています。しかし，従業員数が少ない中小企業では，この退職給付債務を計上していないのが多くの例になっています。医療法人においても同様にこの扱いを用意しています。前々会計年度末日の負債総額が200億円未満の医療法人においては，簡便法を適用することができるとしているのです。この簡便的な計算方法としては次の計算式を用いる事が考えられます。

①　従来の期末自己都合要支給額×予想昇給率÷割引率

②　従来の期末自己都合要支給額

この予想昇給率及び割引率は，平均残存勤務年数に対応する期間分を計算のベースにすることになります。

「退職給付会計に関する実務指針」では従業員数300人未満の中小企業に対して簡便法の適用が許容されています。もし，従業員数が上記の人数未満であれば，簡便的な計算方法を採ることができます。

退職給付引当金の計上においては，退職給付の対象となる職員数が300人未満の場合又は職員数が300人以上であっても，年齢や勤務期間に偏りがあるなどにより数理計算結果に一定の高い水準の信頼性が得られない場合等においては期末要支給額により計上することが考えられるため，期末要支給額により計上する場合には，その計上根拠を明確に記載しておく必要がある。　　　　　　　　（Q & A8）

　退職給付債務に係る会計処理等に相違がある場合には，検討報告書に「退職給付債務に関する会計処理を病院会計準則と異なる方法で行なっている場合には，その旨，採用した引当金の計上基準，病院会計準則に定める方法によった場合と比較した影響額を「比較のための情報」として記載する。病院の従事者にかかる退職給付債務のうち，当該病院外で負担するため，病院の財務諸表には計上されないものが存在する場合には，その旨及び概要を「比較のための方法」として記載する。」＜ガイドライン3-9＞としています。

4. 賞与引当金

（1） 賞与引当金の意義

　賞与引当金は，従業員の労務債務である賞与に関して，支給対象期間に基づき定期的に支給する従業員賞与に係る引当金です。この賞与支給に関して，労働法制上の就業規則での雇用条件として《賞与年2回》，《賞与は月給の4月分》というような記載があれば，法的拘束力を持つ債務となります。このような記載がない場合には，雇用先の経営状況によって支給の有無が有り得ます。ただ，実務慣行としては年2回の賞与支給が定着しており，その事実に着目しますと会計上の手当が必要になります。

（2） 賞与引当金の算定

　一般的には，年2回夏と冬に支給する賞与は，支給時点以前の勤務評価によって支給額を決定しているのが多くの例です。例えば，6月から11月の6か月間の勤務に対する賞与を12月に，12月から翌年5月の6か月間を対象に6月乃至は7月の賞与としています。そうしますと，3月決算でしたら，その後の夏の賞与支給対象期間として12月～3月までの4月間が経過しており，その期間に対応する未払賞与があることになります。この未払分を見積もり計算することになります。決算日に支給対象者ごとに支給額が確定している訳ではありませんので，確定債務ではありません。あくまでも見積もりですので未払金ではなく，引当金となるのです。

> 引当金のうち，賞与引当金のように，通常1年以内に使用される見込みのものは，流動負債に属するものとする。　　　　（準則第19　3.）

　年度末に計上した賞与引当金は，翌年度の最初に支給する賞与の財源として，取り崩すことになりますので，流動負債に表示されます。

　もし引当金を計上していない場合ですが，準則のガイドラインを参考にした記載が考えられます。「病院会計準則における引当金の設定要件を満

たしていながら，当該事象において引当金を計上していない場合には，その旨，会計処理方法，病院会計準則に定める方法によった場合と比較した影響額を「比較のための情報」として記載する。病院会計準則の引当金の定義に該当しない引当金を計上している場合も同様とする。」＜ガイドライン 3-11＞とされています。

 ## 9-4　補助金の会計処理

1. 補助金の趣旨

　病院その他の施設を運営している医療法人は，医療サービスを提供する公益性の高い組織であり，その組織を物理的，経済的に維持するのは非常に難しくなってきています。しかし，高齢化の進行による医療施設の拡充，高度医療技術の発展に伴う多額の設備投資と，その運営状況は毎年苦しく

なってきています。そのような医療サービスを維持することが行政にも求められ，病院等の運営に対する補助金が交付されることがあります。この補助金に係る会計処理は，他の医業収益の収入額の会計処理とは異なる方法を求めています。

2. 補助金に係る会計処理

（1） 補助金とは

　補助金とは，行政が私企業や個人などの民間部門に対して行う一方的な貨幣の給付です。当然公的資金を充てる訳ですから，給付目的は公共に資するものでなければなりません。補助金の交付対象は行政に代わって公共サービスを効率的に提供できることが前提となります。このように行政が政策上必要と認めた事業に対して，資金的な援助をすることで公共サービスの提供を側面から保障するものです。交付主体は国及び地方自治体になります。

（2） 補助金の会計処理の特色

　補助金の収受に関して，準拠すべき会計基準によって会計処理が異なっています。私学助成法に基づく学校法人に対する経常費補助ですが，国及び地方公共団体から交付される補助金の会計処理は，その使途が当該年度の経常費を補助する目的ですので，収受した時点で全額を収入に計上します。ここでは，補助すべき経常費は個別に特定する訳ではなく，全体を対象にしているので個々の経費の発生に着目している訳ではないのです。

　一方，公的機関である独立行政法人では，基盤経費の財源として交付される運営費交付金とは別に，特定の施設・設備を取得するために施設費又は補助金が交付されます。この両者の会計処理は，収受時点では収益に計上することはなく，目的とした事業を遂行した時点で収益に計上する方法を採っています。ですから，資金の受領時点では負債勘定を計上します。

つまり,

  （借方）現預金 ＊＊＊ （貸方）負債   ＊＊＊

として処理し，当該収入が目的通りに使われた時点で,

  （借方）負債   ＊＊＊ （貸方）収益又は資本剰余金＊＊＊

とするのです。

（3）　医療法人の補助金等の会計処理

　医療法人が交付を受けた補助金等の会計処理については，次のように解説されています。

　医療法人が国または地方公共団体等から補助金等を受け入れた場合の会計処理は以下のとおりとする。

①　固定資産の取得に係る補助金等については，直接減額方式又は積立金経理により圧縮記帳する。

②　運営費補助金のように補助対象となる支出が事業費に計上されるものについては，当該補助対象の費用と対応させるため，事業収益に計上する。

　なお，補助金等の会計処理方法は，会計基準第3条第5号の事項として注記するものとし，補助金等に重要性がある場合には，補助金等の内訳，交付者及び貸借対照表等への影響額を会計基準第22条第8号の事項として注記するものとする。   （運用指針 19）

　上記の①は次項に譲るとして，②について考えてみましょう。医療法人が事業費の補助を受ける目的で補助金の交付を受けた際には，収益に計上するのではなく，まず前受補助金として貸借対照表の負債に計上することになります。これは，補助金交付によってその目的通りに使わなければならないという義務が生じます。その義務を未だ果たしていない場合に，その義務を会計上負債として認識するのです。そして，その補助対象となっ

た目的に従って支出された場合，課された義務が解除されたとしてその負債を取り崩すことができるのです。補助対象の事業を行ったことで費用が発生しますが，一方補助金等の返還義務がなくなり，負債が消滅することによって補助金収益が計上されます。医療法人にとって補助事業の執行による損益は結果として差引ゼロとなります。

（4） 圧縮記帳について

あまり聞き慣れない言葉ですが，税務への対応のための会計処理になります。我が国の法人税法では，出資等の資本取引以外で法人の財産が増加した場合には課税所得が発生するという解釈をしています。ですので，法人が施設設備の取得を目的として株主以外の国等から補助金を受けた場合にも，その補助金は課税所得を構成することになります。もし1億円の機器を購入するとして同額の補助金を受け入れても，法人税・住民税及び事業税が課されますと，およそ30百万円が徴税され，手元には70百万円ほどが残るだけです。そうしますと，目的資産の購入ができなくなってしまいます。それを回避するために，ここで説明します圧縮記帳という会計処理が登場するのです。

① 直接減額方式による圧縮記帳

容易に理解できると思われるので，簡単な計算例で説明します。

［計算例］

補助金額	100,000,000 円
目的資産の取得価額	300,000,000 円
取得資産の耐用年数	10 年
減価償却の方法	定額法

この例では，補助金収入額と同額を資産圧縮損として計上します。そうしますと，補助金収益と同額の資産圧縮損が計上されますので，この補助金を受け入れた会計年度の課税所得は発生しません。その結果，目的資産

の帳簿価額は 300 百万円ではなく，圧縮損を差し引いた 200 百万円になります。

　さて，最初の年の減価償却ですが，計算の基礎となるのは帳簿価額の 200 百万円ですので，減価償却費は 20 百万円になります。この資産の本来の取得価額は 300 百万円でしたので，圧縮記帳をしなければ 30 百万円の減価償却費を計上するはずだったのです。つまり 10 百万円が課税所得に算入されることになります。その結果，耐用年数の 10 年間で 100 百万円の課税所得が生じることになるのです。

　このように圧縮記帳という会計処理は，課税の免除ではなく，課税の繰延べなのです。

② 積立金経理による方法

　この積立金経理による方法は，①が資産価額を直接減額するのに対して，圧縮積立金に繰り入れることで税務上繰入損の認容を受け，両建て経理をするのです。そして当該資産の減価償却に合わせて積立金を取り崩すのです。①の計算例で説明しますと，100 百万円を圧縮積立金に計上します。この積立金は対象資産の減価償却に合わせて取り崩さなければならない条件付きで税務上許容されているのです。

　当該資産の 1 年間の減価償却費は 30 百万円ですが，一方で圧縮積立金取崩益が 10 百万円となり，差引き 20 百万円が税務上の損金になるのです。

　①，②のいずれの方法によっても，課税所得の計算上では同じです。このように補助金で固定資産を取得した場合には，圧縮記帳の方法を採らないと税務上の恩典を受けることはできなくなり，補助金受取時に課税されることになります。

Reference

　かつて国鉄が民営化された際に，青函トンネルがJR北海道に譲渡されました。その際には一時的な課税を回避するために圧縮記帳を適用しました。その結果約1兆円のトンネルが僅少な帳簿価額になってしまいました。トンネルの毎年の減価償却費が極めて僅少な金額しか計上されませんので，減価償却累計額も本来のトンネルの取得価額とは大きく乖離した金額となり，将来の老朽化対策や再取得のための財源の確保が大きな課題となっています。

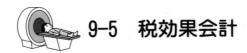

9-5　税効果会計

1. 税効果の導入

　新たな医療法人会計には，税効果会計が導入されました。と言っても，基準の条文には何等税効果会計について規定されてはいません。様式第1号の貸借対照表の資産の部に「繰延税金資産」，負債の部に「繰延税金負債」，損益計算書に「法人税等調整額」という税効果会計で用いる勘定科目が掲示されています。また，運用指針及びQ&Aに税効果会計に関する記述・解説が示されています。

2. 税効果会計とは

　税効果と一言で言ってしまいますと，多くの人が「税金が何かの効果をもたらすのか？」と思われるでしょう。この言葉は英語の表現を謂わば直訳しているもので，Tax Effect Accounting を日本語で税効果会計と言っているのです（米語では Accounting for Income Tax です）。

　この税効果とは，会計上の利益と税務上の課税所得の違いに着目している考え方です。ご存知のとおり医療法人が作成する損益計算書では，収益から費用・損失を控除して，最終的に当期純利益を表示することになります。これに対して税法上の処理としては，この法人の税金負担能力を考慮して，益金の額から損金の額を控除して課税所得を算出し，これに税率を乗じて税額を計算するのです。この会計上の純利益と，税法上の課税所得とがその趣旨とするところが異なるために，金額的に相違が生じるのです。

【会計上】　　利益＝収益－費用・損失
【税務上】　　所得＝益金－損金

　このように利益と所得が異なるのですから，通常の場合，当期純利益に税率を乗じた額がその会社の納付すべき税額にはならないのです。

　そこで，この両者の違いを認識して，当該年度の利益額が負担すべき税額と，過年度の利益が負担した税額及び次年度以降の利益が負担すべき税額を峻別して，会計上で納付税額を区分する方法が考えられた訳です。これが税効果会計なのです。

Reference

　筆者が40年ほど前，まだ駆けだしの会計士だった頃，外資系の会社の経理を担当し，米国の親会社から決算書の内容を説明する依頼書が届きました。その中に，税務上で生じている Time Difference と Permanent Difference を示せという指示が来ました。これが Tax Effect だったのです。40年前に米国ではこの考え方が既にあったのです。

3.　会計上の利益と税務上の所得の相違点は？

　利益と所得の違いは，なかなか理解し難いものなのです。会計上の収益と税務上の益金，会計上の費用・損失と税務上の損金，これがイコールではないのです。その代表的な違いを例示してみましょう。

（1）　会計上の費用なのに税務上の損金にはならないもの

　この例として，貸倒懸念先に対する貸倒引当金の計上や，ゴルフの会員権の評価損の計上が挙げられます。貸倒懸念先への未収医療債権に対して一定の貸倒引当金を計上しますが，税務上はその債務者が破綻していない

として，その貸倒引当金の繰入額を税務上損金とは認めないのです。また，ゴルフの会員権の相場が著しく下落したために，その評価損を計上しても，税務上はそのゴルフの会員権を売却するか，ゴルフ会社が破綻するまでその評価損を損金とは認めないのです。

　かつてバブルが崩壊した後，金融機関が多額の不良債権の処理に窮したことがありました。融資先の経営悪化，返済の猶予や返済期間の延長などで企業の延命を図りました。そのような融資先への貸付金に対して相当額の貸倒引当金の計上が求められましたが，税務上はなかなか認められませんでした。その結果，税務上損金にならない貸倒引当金を計上することになったのです。例えば破綻懸念先とされた融資先に対する100億円の貸出金に70億円の貸倒引当金の計上が求められても，税務上は数億円程度しか損金に認められなかったのです。ですから純利益は僅少な額でも，課税所得は多額に上り，納税額も多額になったのです。

（2）　会計上の費用ではないのに税務上の損金になるもの

　ある年度に大きな損失が生じて，税務上も所得金額が赤字になった場合には，一定の条件の下でその年度以降10年間この赤字分を課税所得の計算上，繰越控除できるのです。もちろん過年度の赤字は会計上の費用・損失にはなりませんが，税務上はその赤字額を損金として認めるわけです。

（3）　会計上は収益ですが，税務上益金にならないもの

　保有している株式に対して支払われる配当金は，会計上事業外収益に計上して利益に算入されますが，税務上は益金に算入されません。この理由は，配当金がその会社の税金負担額を差し引いた後の利益から支払われているため，税金を負担して分配された配当金を再び課税所得に含めると，法人税の二重課税になるとして，所得金額から除外しているのです。もし受取配当金を課税所得に含めると，法人がお互いに株式を所有している場合，無限等比級数的に課税がされて，最終的には法人の利益がすべて税金

で徴収されてしまいます。

このように，**収益≠益金**であり，**費用・損失≠損金**なのです。

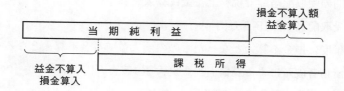

前述の（**1**）が損金不参入項目に該当し，（**2**）は損金算入項目に，（**3**）
は益金不算入項目になります。

（4） 税効果の適用

既述のとおり，当期純利益≠課税所得です。しかし，医療法人が納付す
る税額は課税所得に税率を乗じて算出されますので，納税額と当期純利益
とは正確には符号していないのが常です。当期純利益に税率を乗じた金額
が，その年度に納付すべき税額にはならないのです。そこで，医療法人の
運営状況を見る上で，当期純利益が負担しなければならない税額を示す必
要があるのです。過年度の，又は将来年度に帰属する税額を当期の利益に
対応させて計上しますと，当期純利益は医療法人の実際の運営状況を正確
に示しえないものになってしまいます。

税効果会計の登場は，当期純利益≠課税所得の関係から，当期純利益が
負担すべき税額を示し，当該期の運営状況を損益計算書上に表示できる方
法を紹介したのです。

［計算例］

医療法人の損益計算書の数値及び税務上の処理は以下のとおりです。

＊当期純利益 300 百万円，

＊当期の会計処理で税務上認められないもの：

　有価証券の評価損：20 百万円

退職給付引当金繰入額：60百万円

貸倒引当金繰入額：40百万円

＊当期の受取配当金で税務上益金に算入されないもの：

受取配当金：15百万円

＊過年度に損金不算入となったものの戻入益で益金不算入となるもの：

債務者破産による貸倒引当金戻入額：5百万円

＊適用される実効税率は30％とします。

さて，当期の納税額はいくらになるのでしょうか。

課税所得額

＝当期純利益＋損金不参入額－益金不参入額－損金参入額

＝300＋（20＋60＋40）－15－5

＝400

税額＝課税所得額×税率

＝400×30％

＝120

この結果を，税効果を適用しない方法で損益計算書を作成すると次のようになります。

損益計算書

Ⅰ 医業収益	××××××
・	
・	
・	
税引前当期純利益	300
法人税，住民税及び事業税	120
当期純利益	180

上記の結果，税引前当期純利益に対する税率は，40％になってしまい，

法人税，住民税そして事業税による実効税率 30 ％より 10 ％も高くなっているように示される結果になっています。

では，税効果を適用すると，どのようになるでしょう。

損益計算書

Ⅰ 医業収益	×××××
・	
・	
・	
税引前当期純利益	300
法人税，住民税及び事業税	120
法人税等調整額	34.5
当期純利益	214.5

となります。

税引前当期純利益に対する税率は 28.5 ％になります。この法人税，住民税及び事業税負担額はどのように計算したのでしょう。その内訳を分解してみましょう。

① 損金不参入項目

有価証券の評価損，退職給付引当金繰入額及び貸倒引当金繰入額は，税法上損金に算入されない項目として，課税所得に算入されますが，それぞれ事実が確定した時点で税務上損金に認められます。有価証券の評価損は税務上認められるほどに著しく低下すれば，その時点で損金に算入されますし，売却してしまいますと会計上評価減をした有価証券売却損益と税務上評価減が認められていない有価証券売却損益に，この評価損が認容されて損金となります。退職給付引当金ですが，実際に退職の事実が確定して退職金が支払われた際には，会計上既に手当をしていた引当金を取り崩すのですから，損益は発生しませんが，税務上では引当金そのものが認められていなかったので，実際に退職金が支払われた事実によって損金に算入

されます。貸倒引当金も同様なのです。このようにその事実が確定した年度では，会計上の費用・損失は計上されません。既に会計上は費用処理されていますので，再度費用に計上すると二重計上になってしまいます。ですから，これらの事実が確定した年度の課税所得の計算上，損金に算入するのです。そうしますと事実が確定した年度では納税額が少なくなりますので，今期に損金不算入として追加払いした税額は将来の納税額の前払いということになり，その額は貸借対照表の資産に繰延税金資産として計上されることになります。

この額は，

有価証券の評価損＋退職給付引当金繰入額＋貸倒引当金繰入額

$=20+60+40=120$

この税額は，$120×30\%＝36$ でこれが繰延税金資産になります。

②　益金不参入項目

受取配当金は二重課税を排除する趣旨から，課税所得には含まれませんので，控除することになります。しかし，この受取配当金に関しては，将来何がしかの事実の確定によっても益金に算入されることはありませんので，税効果上考慮する必要はないわけです。

③　損金参入額

過年度に損金に算入されない事を承知の上で，貸倒引当金を計上していましたが，貸倒れの事実が確定したことで，当該債権全額が損失になりますが，会計上は既に貸倒引当金を計上してあるので，引当金を取り崩して貸倒損失を補填することで，貸倒の事実が確定しても費用は発生しません。

しかし，税務上では，過年度に計上した貸倒引当金を損金と認められないので，全額が貸倒損失になります。そこで，過年度に繰り入れた貸倒引当金の取崩額を当期純利益から差し引くことによって，税務上債権が貸倒れになったとし，課税所得を計算することになります。この損金参入額に

対応する税金は，過年度に前払いしており，繰延税金資産として計上されていたものなのです。

そうしますと，損金算入による税額は，

貸倒引当金認容額×30％＝1.5となります。これが過年度に計上されていた繰延税金資産の取崩額となるのです。

差引繰延税金資産の増加額は，36−1.5＝34.5百万円となります。これが法人税等調整額になるわけです。ですので，税効果適用後の法人税，住民税及び事業税負担額は，120−34.5＝85.5となります。実効税率は28.5％となります。適用税率30％との差は，受取配当金の益金不算入額15で，税額にすると15×30％＝4.5，この分だけ税額が減っているのです。

上記（2）で引用した英語による会計用語で，Time Difference と Permanent Difference ですが，前者が一時差異，後者を永久差異と訳しました。税効果会計ではこの一時差異に着目して，法人税等調整額を計算し，貸借対照表に前払税金を繰延税金資産（Deferred Tax Asset），未払税金を繰延税金負債（Deferred Tax Liability）として表示することになります。後者の永久差異ですが，会計上の損益計算と税務上の課税所得計算の間で生じる差異で，当該年度以降この調整をすることは永久にありませんので，税効果会計上不問となります。

Reference

　税効果会計で登場した「繰延税金資産」ですが，無制限に資産計上が許されるものではないのです。前述しました金融機関で，融資先の経営悪化に伴って多額の貸倒引当金の計上が求められましたが，多くが課税される引当，つまり有税引当だったのです。その結果，多額の税金を納付することになり，税金の前払いとして繰延税金資産を計上しました。その額がなんと純資産の過半を占めるほどに多額に上ったのです。しかし，繰延税金資産は将来課税所得が出てきたところで損金算入によって取り戻すことができるのですが，その将来にそれほどの課税所得が算出できるほどに利益が見込めないという問題が生じました。つまり繰延税金資産に回収可能性が期待できず，資産性がないとされたのです。当時，足利銀行が経営破綻した原因になったのです。

4. 税効果会計と重要性の原則

　他の事業法人に比べて医療法人の実務では，税務申告上で当期純利益に損金不算入として自己否認して，一時差異が多額に発生することはあまりないのではないかと思われます。そこで，

　税効果会計は，原則的に適用することとするが，一時差異等の金額に重要性がない場合には，重要性の原則の適用により，繰延税金資産又は繰延税金負債を計上しないことができる。

　なお，繰延税金資産及び繰延税金負債に重要性がある場合には，主な発生原因別内訳を会計基準第22条第8号の事項として注記するものとする。　　　　　　　　　　　　　　　　　　　　　　　（運用指針16）

　重要性の原則の適用について解説しているのです。重要性がある程に繰

延税金資産・繰延税金負債が計上されているのであれば，その原因を知り
たくなりますね。

　重要性の判断については，次ページのフローチャートを参照してくださ
い。

税務上の税額計算と，
医療法人の損益計算とは
違うんですね！

税務課

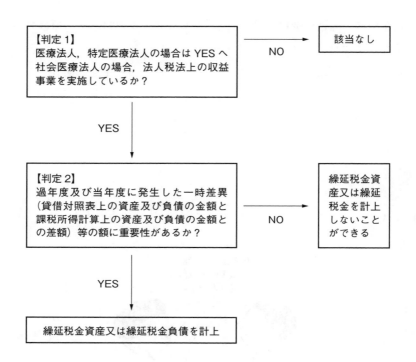

【判定1】
医療法人，特定医療法人の場合は YES へ
社会医療法人の場合，法人税法上の収益
事業を実施しているか？

NO → 該当なし

YES

【判定2】
過年度及び当年度に発生した一時差異
（貸借対照表上の資産及び負債の金額と
課税所得計算上の資産及び負債の金額と
の差額）等の額に重要性があるか？

NO → 繰延税金資
産又は繰延
税金を計上
しないこと
ができる

YES

繰延税金資産又は繰延税金負債を計上

9-6　減損会計と資産除去債務

1. 減損会計とは

　減損ということが，あまり聞きなれない言葉ですが，固定資産の評価で
登場しました。従来の会計の考え方ですと，固定資産，特に土地に関して
は「土地は腐らない」との主張から，販売用不動産（これは棚卸資産なの
ですが）以外の固定資産の評価損の認識は余りありませんでした。バブル
崩壊と共に狂乱物価が沈静化し，その結果，不動産，特に土地に投じられ

た投資は膨大な額の損失を抱えることになり，無茶な融資に走った金融機関も大きな傷を受け，中には日本長期信用銀行を始めとした大手金融機関が数多く破綻しました。

　このような中で，国際化に伴って市場環境と企業行動の劇的な変化があり，会計基準もその変化に相まって国際的融和は喫緊の課題となったのです。会計面で対応しなければならない問題として，土地を含む固定資産の評価の在り方が大きなテーマとして登場したのです。

　減損会計は，今まで評価の対象からはやや距離のあった固定資産の適正な評価に挑むことになったのです。

2. 減損会計の適用

　医療法人に対する減損会計は，次のように考えられています。

　医療法人における固定資産の減損会計は企業会計と同一ではなく，その運用は以下のとおりであると考えられる。

　医療法人会計基準第10条第2項では，「資産の時価が著しく低くなった場合には，回復する見込みがあると認められるときを除き，時価をもって貸借対照表価額とする。」とされており，原則として，強制評価減を行う必要がある。

　ただし，同条第3項においては，「使用価値が時価を超える場合には，前第2項の規定にかかわらず，その取得価額から減価償却累計額を控除した価額を超えない限りにおいて使用価値をもって貸借対照表価額とすることができる。」とされており，例外として，帳簿価額（取得価額から減価償却累計額を控除した価額）を超えない限り，使用価値で評価することもできる。　　　　　　　　　　　　　　（Q & A 1）

企業会計では，当該固定資産の収益性に着眼して，「卵を産まない鳥は

価値がない」という論理で，将来の収益稼得能力によって再評価し，簿価を下回った場合には減損損失を計上しています。しかし，医療法人は収益稼得を第一にする組織ではないため，専ら収益稼得能力に力点を置く考え方を採らないのです。

この減損会計の適用に係る判断を次ページにフローチャートで示しており，その要点は以下のとおりです。

【判定1〜3】

いわゆる強制評価損のことで，時価の著しい低下を対象にしています。この著しい低下とはおおむね50％超の下落を言い，バブル期に取得した土地及び建物などに該当する例が多いのです。また電電公社時代に取得した電話加入権もNTT自体がその価値を認めていませんので，@1〜3千円程度と著しく低下している状態です。もちろん時価の回復可能性はありません。

また，この減損会計の対象資産ですが，他に評価に関する基準等がある資産，例えば金融資産を除き，有形及び無形固定資産，その他の資産が対象になります。

【判定5，6】

使用価値の評価は，各々の施設ごとの収益と使用後の処分によって生じる将来のキャッシュ・フローを予測し，その現在価値を積算して測ることになります。この手法は企業会計と同様です。

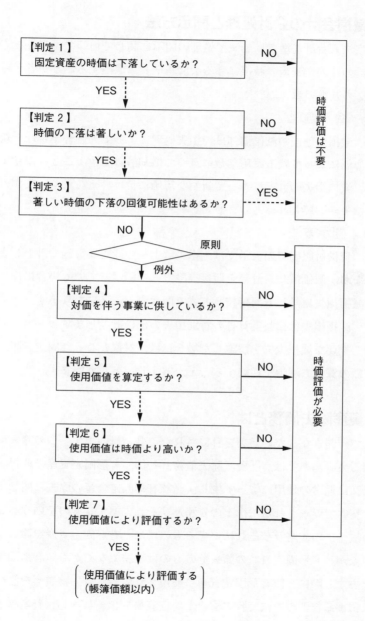

【判定1】
固定資産の時価は下落しているか？　NO →

【判定2】
時価の下落は著しいか？　NO →

時価評価は不要

【判定3】
著しい時価の下落の回復可能性はあるか？　YES →

NO ↓

原則 →

例外 ↓

【判定4】
対価を伴う事業に供しているか？　NO →

【判定5】
使用価値を算定するか？　NO →

時価評価が必要

【判定6】
使用価値は時価より高いか？　NO →

【判定7】
使用価値により評価するか？　NO →

YES ↓

使用価値により評価する
（帳簿価額以内）

3．減損会計の会計処理と開示方法

医療法人会計基準では，減損処理の開示に関して何等の規定もなく，企業会計の「固定資産の減損に係る会計基準」に準拠することが考えられます。この基準では，

（1）　会計処理

①　減損処理後の減価償却は，損失処理によって評価替えされた新たな簿価によって残る耐用年数に亘って償却計算をすることになります。

②　減損損失の計上によって新たな簿価に付け替えられていますので，損失額の戻入れはありません。

（2）　開示方法

①　貸借対照表での表示では，損失計上後の新たな簿価で計上します。なお，減価償却累計額を間接控除方式で開示している場合には，この減損損失累計額も間接控除方式で開示することになります。

②　減損損失は損益計算書の特別損失の部に計上します。

③　重要な減損損失を認識した場合には，対象となった固定資産，減損額の算定方法等を注記することが望ましいとしています。

4．資産除去債務とは

さて，聞きなれない言葉を目にされたことと思います。この除去債務に関する会計基準では，「「資産除去債務」とは，有形固定資産の取得，建設，開発又は通常の使用によって生じ，当該有形固定資産の除去に関して法令又は契約で要求される法律上の義務及びそれに準ずるものをいう。この場合の法律上の義務及びそれに準ずるものには，有形固定資産を除去する義務のほか，有形固定資産の除去そのものは義務でなくとも，有形固定資産を除去する際に当該有形固定資産に使用されている有害物質等を法律等の要求による特別の方法で除去するという義務も含まれる。」（資産除去債務

に関する会計基準3（1））と説明されています。

　一般的な適用例としては，土地を有期契約で賃借してその上に建物や設備を構築した場合で，その賃借期間経過後に更地にして返還するものですと，構築した建物や設備を賃貸期間経過時に取り壊すことが契約上定められているのです。その取壊費用が除去債務となります。この例としては，ロードサイドでよく見るファミリーレストランや大型量販店です。地主から土地を借りて店舗を建てて，契約期間満了後に更地にして地主に返還するのです。

　では，医療法人で該当するものとしては，上記のような土地の賃借による施設の構築も該当しますが，その他に，建物の耐火部材に使われているアスベスト（石綿），変電設備に使われていたダイオキシン，冷凍設備に使われていたフロン等の除却も法律上定められていますので，この除却債務を認識することになります。

 Reference

　　郊外のロードサイドに展開している多くのファミレスや量販店では，定期借地権で店舗展開をしています。バブル時代には，自前で土地を購入し，それを担保にまた土地を取得した事例がありましたが，バブル崩壊後多くの事業者が破綻しました。

5. 資産除去債務の認識の要否

　医療法人に資産除去債務を認識する必要があるのかということですが，

　　企業会計では，資産除去債務を負債に計上するとともに，これに対

応する除去費用を有形固定資産の取得原価に算入し，当該除去費用は
減価償却を通じて費用配分される会計処理が導入されている。医療法
人会計基準においては，資産除去債務に関する会計基準は必ずしも適
用することが求められているものではないが，医療法人会計基準を適
用する以前から資産除去債務に関する会計基準がすでに適用されてい
る場合には，継続適用を否定することまで求めるものではない。

　なお，資産除去債務に関する会計基準に限らず，医療法人会計基準
に記載のない会計基準について，適用しないことにより財務諸表の利
用者の誤解を招く恐れがある場合には，適用の必要性について監査人
と十分協議することが必要となる。　　　　　　　　　　（Q & A18）

としています。

　この資産除去債務は，施設の賃貸借関係に重要性がある場合，堅固な構
造物であればその取壊しには相当の費用を要することから無視できないも
のと考えられます。また，アスベストの問題ですが，1960年代よりビルの
高層化に伴って耐火認定のためにアスベストが多用されました。建築基準
法の耐火認定でアスベストの使用が推奨されていたのですから，1975年度
までは吹付工法で使われていました。昔の学校の天井を突いてみると，白
い粉のようなものが飛散しましたが，それがアスベストなのです。建物等
を取り壊す際には特別な工法が必要になり，その分費用が嵩みます。また，
研究所の隅には撤去した電力の変圧器が積み上げられている景色を見たこ
とがありますが，猛毒のダイオキシンが使われているのです。国の施策と
して逐次処分を進めていますが，処分場のキャパシティーが少なく未だす
べての処分が済んでいません。旧式の冷凍・冷蔵設備ではフロンが使われ
ていますが，オゾン層を破壊するとしてその処分方法が指定されています。
医療用の放射性物質の中には，取扱いに相当の注意を要するものもあり，

当該関係機器の処分にも特段の方法が求められます。このように考えますと，いずれは法令に従った処分のための除却費用の負担が見込まれますので，そのための会計面での用意が必要になると考えられるのです。

6. 資産除去債務の算定と会計処理

（1） 資産除去債務の算定

　将来の資産除去に要する費用・キャッシュ・フローを見積もって，その総額の割引現在価値を算出します。またその除去対象資産の態様によっては，廃棄するまでの保管や管理費用も要する場合がありますので，その金額も除去費用として合算します。前述のアスベストやダイオキシン等は勝手に廃棄することはできません。

（2） 資産除去債務の会計処理

　算定した資産除去債務は，除去までの期間に応じて費用配分します。その方法として当該有形固定資産の簿価に合算して，減価償却計算に合わせる方法を採ります。このように資産を計上した場合の貸方はどのようにするのでしょうか。仕訳は次のようになります。

　　　　（借方）有形固定資産　　　　　　　　（貸方）資産除去債務

　そして，減価償却によって資産価額に追加計上された資産除去債務額が費用化されます。一方の負債に計上された資産除去債務はそのまま残り，実際に除去した時点で除去費用が支出されますので，

　　　　（借方）資産除去債務　　　　　　　　（貸方）現預金

となります。当初に除去費用を見積もる際に割引率で現在価値に引き直したので，実際の除去費用が少なくなっています。割引率で減少した額は毎期の費用に追加して，資産除去債務に加算していきます。

　　　　（借方）除去費用　　　　　　　　　　（貸方）資産除去債務

アスベスト除去費用が
追加されるな！

 # 9-7　研究開発費会計

1. 研究開発費会計の意義

　医療機関では，診療・介護などの業務を行っている一方で，医療に係る研究や治験を行っている例があります。この中には製薬会社との共同研究や受託研究，公的な機関からの科学研究費補助金や AMED からの受託研究等の外部資金による研究があります。その研究に投入された資金に関して，会計上の処理方法について検討してみましょう。

　平成 11 年度より一般企業に対して，「研究開発費等に係る会計基準」が適用されました。この基準は，企業会計における研究・開発のための支出額の会計処理や基準がまちまちなため，それを明確に定めたものです。会計処理に関する旧商法の規定では，試験研究費及び開発費は将来の収益獲得に寄与するものとして，貸借対照表の資産に計上し，償却費として将来の費用に繰り延べることが認められていました。しかし，この規定はあくまでも任意であり，資産計上又は費用処理がまちまちな状態になり，会計

上の認識として大いに問題となっていました。これを解決するために，上記の基準が定められたのです。

2. 医療法人と研究開発費

　従来より医療法人の会計実務として，医師や検査技師による研究費支出額を資産計上してきた例は少ないと思われます。しかし，近年の飛躍的な医療技術の向上は，当該研究による成果が実るのであり，最近の医学と工学の共同研究も「医工連携」研究として定着しています。医療の現場では，患者と直に接している医師や技師による研究が進められることが多いため，その研究に係る支出額の会計処理について明確にする必要があります。

3. 研究開発費の会計処理

　以前より一般企業でも試験研究費・開発費等の名目で支出されてきており，企業内研究の成果がノーベル賞を受賞する程に高レベルに達していることもあります。医療の分野でも研究が進められており，医療機関に籍を置く医師や技師による研究が日々の業務の延長線上で展開されている例は少なくありません。その費用の評価とそれに伴う会計上の処理ですが，研究開発のために支出する費用は，その成果が実って将来の更なる医療の進歩と診療報酬のアップにつながる可能性がゼロではないでしょうが，その確実性を計ることは不可能です。支出される費用が，画期的な新薬の開発であっても，その不確実な将来の収益稼得能力を資産に計上することは，架空の資産を計上する虞があるとして，医療法人が支出する研究開発費はその支出時に費用処理することが適切な会計処理とされました。

4. 研究開発費とソフトウェア

　一方，医療機器を操作するためには最近の IT 技術を駆使したソフト

ウェアが大活躍しています。このソフトウェア取得に係る支出額に関して，資産に計上することが許容される場合を明らかにしています。

① 　医療法人外より受託して，自ら開発したソフトウェアは，委託者より収益を得ることになるので，その制作費を収益に対比すべき原価とするために，完成まで棚卸資産に計上することになります。

② 　他の医療機関等に有償にて提供する目的のソフトウェアの開発のための支出額は研究開発費として費用処理されますが，その研究が終わった後に提供するため，即ち製品化にかかる支出額は資産計上となります。

③ 　購入したソフトウェアについては，将来の収益獲得又は費用削減が確実である場合に限り，資産に計上してその利用期間に亘り償却を行うこととなります。

一時に多額な研究開発のための支出をする場合，医療法人にとっても大きな負担となりますが，その目的と趣旨が上記に記載したソフトウェアの取得のためでしたら，資産計上となるのです。

最近の医療機器はIT化が高度に進められており，機器と一体化されて取得しています。有形固定資産である物理的な存在である機器と，ITを活用して稼働させるソフトウェアが分別計算できるのであれば，分けて資産計上をすることになりますが，明確な区分ができない場合には機器と一体として資産計上することになります。

Reference

　ダ・ヴィンチ，MRI，CT等々の診療機器は，取得価格はもちろんのこと，その保守点検費用も高額に上ります。それぞれの機器の稼働率を上げることも経営上大きな課題となっています。

9-8　関係事業者に関する注記

1. 関係事業者とは

　医療法51条第1項に「関係事業者との取引の状況に関する報告書……を作成しなければならない。」と規定されています。この関係事業者ですが，実は株式公開会社等に同じ趣旨に基づく「関連当事者の開示」が求められています。この関連当事者の開示は，利益が相反する立場にあって第三者を益して自らを害する取引を明確にし，かかる取引を回避するための開示

になります。この関連当事者と医療法で定める関係事業者がNearly Equalであり，「関連当事者の開示に関する会計基準」を参照することになります。

　医療法で規定している関係当事者とは，理事長の配偶者がその代表者であることその他の当該医療法人又はその役員と厚生労働省令で定める特殊な関係がある者としています。

　厚生労働省令第32条の6第1項では，次のいずれかに該当する者としています。

イ　当該医療法人の役員又はその近親者（配偶者又は二親等以内の親族をいう。以下ロ及びハにおいて同じ）

ロ　当該医療法人の役員又はその近親者が代表者である法人

ハ　当該医療法人の役員又はその近親者が株主総会若しくは社員総会若しくは評議員会又は取締役会若しくは理事会の議決権の過半数を占めている法人

ニ　他の法人の役員が当該医療法人の社員総会若しくは評議員会又は理事会の議決権の過半数を占めている場合における当該他の法人

ホ　ハの法人の役員が他の法人（当該法人を除く）の株主総会若しくは社員総会若しくは評議員会又は取締役会若しくは理事会の議決権の過半数を占めている場合における他の法人

　つまり，当該医療法人と利益相反する立場になる虞のある関係を有する個人又は法人を指しているのです。

2．開示を求める取引とは

　医療法51条第1項で報告書等を作成しなければならない取引とは，厚生労働省令第32条の6第2項に定める次のいずれかに該当する取引です。

イ 事業収益又は事業費用の額が，一千万円以上であり，かつ当該医療法人の当該会計年度における本来業務事業収益，付帯業務事業収益及び収益業務事業収益の総額又は本来業務事業費用，付帯業務事業費用及び収益業務事業費用の総額の10パーセント以上を占める取引

ロ 事業外収益又は事業外費用の額が，一千万円以上であり，かつ当該医療法人の当該会計年度における事業外収益又は事業外費用の総額の10パーセント以上を占める取引

ハ 特別利益又は特別損失の額が一千万円以上である取引

ニ 資産又は負債の総額が，当該医療法人の当該会計年度の末日における総資産額の1パーセント以上を占め，かつ一千万円を超える残高になる取引

ホ 資金貸借並びに有形固定資産及び有価証券の売買その他の取引の総額が，一千万円以上であり，かつ当該医療法人の当該会計年度の末日における総資産の1パーセント以上を占める取引

ヘ 事業の譲受又は譲渡の場合であっては，資産又は負債の総額のいずれか大きい額が，一千万円以上であり，かつ当該医療法人の当該会計年度の末日における総資産の1パーセント以上を占める取引

このように一定金額以上の取引の開示を求めているのです。

3. 関係事業者に関する注記について

運用指針23に関係事業者に関する注記の内容を示しています。

① 当該関係事業者が法人の場合には，その名称，所在地，直近の会計期末における総資産額及び事業の内容

② 当該関係事業者が個人の場合には，その氏名及び職業

③ 当該医療法人と関係事業者との関係

④ 取引の内容

⑤ 取引の種類別の取引金額

⑥ 取引条件及び取引条件の決定方針

⑦ 取引により発生した債権債務に係る主な科目別の期末残高

⑧ 取引条件の変更があった場合には，その旨，変更の内容及び当該
変更が計算書類に与えている影響の内容

ただし，関係事業者との取引のうち，次に定める取引については，
上記の注記を要しない。

イ　一般競争入札により取引並びに預金利息及び配当金の受取りそ
の他取引の性格からみて取引条件が一般の取引と同様であること
が明白な取引

ロ　役員に対する報酬，賞与及び退職慰労金の支払い

上記のイ，ロの取引は医療法人を害する虞はない点に着目したものです。

4. 関係事業者に関する注記の記載例

検討報告書に関係事業者に関する注記の記載例が掲示されています。

この注記内容は金融商品取引法で開示を求められている内容に類似して
いますので，ここで記載される法人及び個人にはさほど抵抗感がないと思
います。

【記載例】

（1）法人である関係事業者

種類	名称	所在地	総資産額（千円）	事業の内容	議決権の所有割合	関連当事者との関係	取引の内容	取引金額（千円）	科目	期末残高（千円）
役員が支配している法人	㈱A	＊＊県〇〇市	632,850	医薬品の卸	0％	医薬品の購入	医薬品の購入	1,518,844	買掛金	126,570

取引条件及び取引条件の決定方針等
（注1）A社からの医薬品の購入に関する取引価格は市場実勢を勘案して決定し，支払条件は翌月末現金払いであります。

（2）個人である関係事業者

種類	氏名	職業	関係事業者との関係	取引の内容	取引金額（千円）	科目	期末残高（千円）
役員及びその近親者	＊＊　＊＊	当法人理事長	不動産の賃借	賃借料の支払	19,572	前払費用	1,631

取引条件及び取引条件の決定方針等
（注1）不動産の賃借料は，不動産の時価に基づき決定しております。

9-9　純資産の会計処理

1. 医療法人の純資産

医療法人の純資産の部の内容は，その医療法人の類型によって異なります。医療法人制度の変遷の中で，資本の部そして純資産の部は多様な勘定

科目が計上されました。この中には企業会計原則に準拠した計算書類を作成していた例や，病院会計準則を準用した例もあります。医療法人会計基準に準拠して医療法人の計算書類，そしてその会計処理を統一するために，この純資産の部に関して整理が必要になったのです。

　現在の医療法人の類型ごとに純資産の部の内容を整理すると，出資の概念があるのは社団法人として設立された医療法人であり，財産の寄付によって設立されている財団法人には出資・持分という概念が存在しません。純資産を難しくしているのは，人の組織として設立された社団医療法人になるのです。

　ここでは医療法と医療法人会計基準に従った純資産の部に関する会計処理を解説します。

2. 社団医療法人の純資産

　社団医療法人の類型による純資産の構成は次のようになります。

①　持分の定めのある社団医療法人

出資金・積立金・評価換算差額等

②　持分の定めのない社団医療法人で基金制度を有するもの

基金・積立金・評価換算差額等

③　上記以外の社団医療法人（財団医療法人を含みます）

積立金・評価換算差額等

3. 出資金・拠出金の払戻に係る会計処理

　純資産に係る会計処理に関しては，検討報告書で詳細に論じられていますので，その内容に沿って解説します。

（1）　出資又は拠出に係る会計処理

①　基金の拠出

基金制度を有する社団医療法人に対して基金の拠出があった場合

（借方）現金預金他　　　＊＊＊　　　（貸方）基金　　　　　　＊＊＊

②　持分の定めのない医療法人を寄付によって設立した場合

（借方）現金預金等　　　＊＊＊　　　（貸方）受取寄付金　　　＊＊＊

（借方）損益　　　　　　＊＊＊　　　（貸方）設立等積立金　　＊＊＊

寄付金を一旦損益計算書に計上した後に純資産の設立等積立金に振り替えます。

③　持分の定めのある社団医療法人が追加出資を受けた場合

（借方）現金預金等　　　＊＊＊　　　（貸方）出資金　　　　　＊＊＊

（2）　持分の払戻に係る会計処理

持分の定めのある社団医療法人の社員の退社に伴う出資金の払戻又は基金の返還に関する会計処理になります。ここでは会計基準適用後の処理を示しています。医療法の改正等の前後で持分に対する法制度が異なるため，改正後つまり現在の会計基準が適用されている制度下での処理を示します。

①　払戻額が退社社員の出資金と繰越利益積立金を上回る場合

（借方）出資金　　　　　＊＊＊　　　（貸方）現金預金　　　　＊＊＊

（借方）繰越利益積立金　　＊＊＊

（借方）持分払戻差額積立金　＊＊＊

払戻額が退社する社員の出資金を上回り，繰越利益積立金をも超える場合には借方に持分払戻差額積立金を計上することになります。純資産からの控除科目になりますが，翌期以降の繰越利益を充当して解消させます。

②　払戻額が退社社員の出資金と繰越利益積立金を上回らない場合

（借方）出資金　　　　　＊＊＊　　　（貸方）現金預金　　　　＊＊＊

（借方）繰越利益積立金　　＊＊＊

③　払戻額が退社社員の出資金を下回る場合

（借方）出資金　　　　　　　＊＊＊　　　（貸方）現金預金　　　＊＊＊
（貸方）持分払戻差額積立金　＊＊＊

　退社する社員に対する払戻によって，出資金の一部が法人に残余することになり，その額だけ純資産が減少しなくて済んだのです。この差額に特定名称を付して持分払戻差額積立金とするのです。

④　出資限度額法人の払戻

（借方）出資金　　　　　　　＊＊＊　　　（貸方）現金預金　　　＊＊＊

　払戻額を出資額を限度と定めている法人の場合です。

（3）　基金の返還

（借方）基金　　　　　　＊＊＊　　　（貸方）現金預金　　　＊＊＊
（借方）繰越利益積立金　＊＊＊　　　（貸方）代替基金　　　＊＊＊

　基金の返還に伴って，減少した基金額を繰越利益積立金で補填するのです。

4.　剰余金の処分に係る会計処理

　医療法第54条で医療法人は剰余金の配当を禁止されていますので，利益・剰余金の社外流出はありません。ですから，一般の企業のように会計年度終了後に利益処分が行われるわけではありません。医療法人の運営は，まず新年度開始前に理事会又は社員総会で次年度予算案と当該年度の剰余金の処分案を承認することになっています。その結果，当該年度の剰余金の処分内容は年度末までには決まることになります。そのため，計算書類には未処分利益剰余金なる勘定科目が掲記されることはありません。剰余金の処分は当該年度の決算数値に織り込むことが望ましいと考えるのです。このことを前提に剰余金の処分に係る会計処理を見ていきます。

（1） 損益計算書の当期純利益の処理

（借方）当期純利益　　　＊＊＊　　（貸方）繰越利益積立金　＊＊＊

予算に係る理事会等で「決算において確定した当期純利益は，すべて繰越利益積立金とする」という決議を受けて，上記の会計処理となります。当然ですが，当期純損失であれば貸借が逆の仕訳になります。

（2） 目的積立金等への積立

（借方）繰越利益積立金　＊＊＊　　（貸方）○○積立金　　　＊＊＊

予算に係る理事会等の決議に従って，当期純利益を含む繰越利益積立金から特定の目的を付した積立金に振り替える。

（3） 特定目的が達成されたことによる目的積立金等の取崩

（借方）○○積立金　　　＊＊＊　　（貸方）繰越利益積立金　＊＊＊

特定の目的を達成し，その目的のために特定した引当預金等が取り崩された場合に，理事会等の決議を経て当該積立金も目的達成によって繰越利益積立金に戻し入れます。

このように繰越利益積立金の処理には理事会等の決議を経て，特定目的積立金との相互の振替処理が生じます。

5. 法人の持分に関する定めの変更に伴う処理

財団組織の医療法人では持分の概念がありませんが，社団組織の法人では持分の概念があります。社団医療法人では，出資という概念があり，出資者は出資した割合に応じて退社時に出資の払戻や解散時の残余財産の配分を受ける権利がありました。しかし，医療法人の非営利性を認識して，医療法の改正によって平成19年（2007年）4月1日以降に設立申請された法人には，出資の概念から拠出へと変わりました。その結果，解散時の残余財産の帰属先は，国，地方公共団体・医療法人その他の医療を提供する者となりました。

（1）　持分の定めのない社団医療法人に移行した場合の会計処理

　医療法の改正後は持分のある社団医療法人の設立は認められないのですが，改正前に設立された持分のある社団医療法人が持分のない法人に移行した場合には，評価・換算差額や代替基金，法人税法の規定によって取り崩せない積立金を除き，純資産を設立等積立金とします。仕訳は次のようになります。

（借方）出資金　　　　　　＊＊＊　　　（貸方）設立等積立金　　　＊＊＊
（借方）繰越利益積立金　＊＊＊　　　（貸方）未払金　　　　　　　＊＊＊

　この未払金は，出資金が法人に贈与されたとして課税される場合があるため，その債務を計上したのです。

Reference

　同じ非営利組織の学校法人も，同様の制度の建て付けになっており，寄付行為によって設立される学校法人が解散した場合の学校財産は同じ教育機関又は国に帰属することになっています。

（2）　医療法改正前後の純資産の振替処理

　医療法の改正に伴って，医療法人の非営利性が強く認識され，出資・資本概念がなくなりましたが，改正前には出資の概念があったために出資金・資本金といった勘定科目が使われていました。改正後も直ちに出資概念が否定される訳ではなく，経過措置型社団医療法人として存続しています。

　このように持分の定めがない法人ではそもそも資本概念がありませんので，企業会計で言う「資本取引・損益取引区分の原則」が働くことはあり

ません。何を以て資本取引とするかが判然としなくなっているのです。そこで，改正法の趣旨に従って持分のある法人から持分のない法人に移行した際の会計処理が課題となったのです。この場合，移行前の純資産に計上されていた各勘定科目は次のように振り替えることとなります。

（借方）資本剰余金 ＊＊＊ （貸方）設立積立金 ＊＊＊
（借方）繰越利益準備金 ＊＊＊ （貸方）繰越利益積立金 ＊＊＊

第10章
病院会計準則との調整

　病院の経営状況を把握するために，医療法人会計基準よりも先行して平成16年（2004年）に制定されたのが病院会計準則です。当初は医療法人の会計基準と整合性を図ることが謳われていましたが，平成28年（2016年）に制定された医療法人会計基準とは対象が異なることによる相違点が生じています。この点について「医療法人会計基準に関する検討報告書」で両基準の調整に関して，「5 病院会計準則適用ガイドラインについて」を掲げて特段に説明しています。

10-1　病院会計準則との調整

　病院に関する会計基準は第1章で記述したように，20数年前より医療に関する会計基準の制定が必要とのことで議論が重ねられてきました。しかし病院を設置する医療法人に関する統一した基準が示される前に，病院会計準則が平成16年（2004年）に改正されて適用されることになりました。

　平成28年（2014年）に公表された「医療法人会計基準に関する検討報告書」（以下，検討報告書という）では，別途に「5　病院会計準則適用ガイドラインについて」という項目を設けて，会計基準と病院会計準則との調整を図っています。

　実は医療法人会計基準は，先行した病院会計準則と整合性を持って規定されることを前提にしていました。この検討報告書の記述の中に，

> 　医療法人会計基準は，医療法人全体の会計に関する基準である。医療法人会計基準においては，病院会計準則との整合性を考慮した上で制定されることが予定されているため，病院部分の会計について病院会計準則の適用をそのまま行うことで全体の会計も整合することとなる。よって，適用ガイドラインは，医療法人については特段必要となる項目はない。

と考えていたのです。しかし，その後の医療法の改正に加え，財務諸表等の閲覧制度の導入や業務範囲の拡大，医療法人の行う業務の多様化といった制度そのものの抜本的な改革が行われたことによって，医療法人会計基準が病院会計準則との整合性を図れなくなったのです。このため，既述のとおり開設主体が異なる病院と同様に，病院会計準則適用ガイドラインを

参照することになるのです。

10-2　病院会計準則適用ガイドライン

　病院を経営している開設主体には多くの形態があることは既に記述しているところですが，病院会計準則を適用するための手立てが講じられています。その対応を示している「病院会計準則適用ガイドライン」で，次のような文書で始まります。

　「病院会計準則の改正について」（平成 16 年 8 月 19 日医製発第 0819001 号厚生労働省医政局長通知）を先般通知し，貴管内の医療機関に対してその活用につきご指導願いたい旨お伝えしたところであるが，今般，病院の開設主体が当該病院の財政状態及び運営状況を適正に把握し，比較可能な会計情報を作成するため，開設主体の会計基準の適用を前提とし，病院会計準則に準拠した財務情報を提供する観点から，公的医療機関を始めとする開設主体としての会計基準を有する医療機関に向けて，別添のとおり病院会計準則適用ガイドラインを策定したので，御了知の上，貴管内の医療機関に対して，その活用につき御指導願いたい。

　（医政発第 0910002 号平成 16 年 9 月 10 日厚生労働省医政局長）

　この文章が厚生労働省医政局長より各都道府県知事宛に発せられており，各開設主体が準拠すべき会計基準と病院会計準則とが，異なる会計処理及び表示を定めている可能性があることを端的に示しています。このような事象に対する対応策がこのガイドラインに示されています。具体的には，

財務諸表の表示に関する取扱いと会計処理等に関する取扱いが事項別に解説されているのです。

 ## 10-3　ガイドラインによる対応

医療法人会計基準で対応を求められる事項は限られており，検討報告書の中で，「5　病院会計準則適用ガイドラインについて」が示されています。その内容を病院会計準則と医療法人会計基準を対比する形で順次解説します。

1. 損益計算書の区分

ガイドライン 4-3 について，

> 損益計算書の区分について，病院会計準則と異なる様式を採用している場合には，その旨，病院会計準則に定める区分との対応関係について，「比較のための情報」として記載する。

とされており，検討報告書では，

> ①損益計算書の区分（ガイドライン 4-3）
> 　本基準においては，病院会計準則では，医業外損益とされている付随的な収益費用を事業損益としている。このため，病院を開設する医療法人につき病院単位の財務諸表では，医業外としていたものを医療法人全体の財務諸表作成に当たっては，事業収益又は事業費用に組替えるか，当初から事業（医業）収益又は事業（医業）費用として処理

し，病院単位の財務諸表では，その旨と金額を注記して，病院会計準則に従った損益も判るようにすることとなる。

　具体的には，病院会計準則での経常損益計算の区分について，「受取利息，有価証券売却益，運営費補助金収益，施設設備補助金収益，患者外給食収益，支払利息，有価証券売却損，患者外給食用材料費，診療費減免額等，医療活動以外の原因から生ずる収益及び費用であって経常的に発生するもの」（病院会計準則第31　2．）としている一方，会計基準では，「施設等の会計基準では事業外収益とされている帰属が明確な付随的な収益又は費用についても，この損益計算書上は，事業収益又は事業費用に計上するものとする。ただし，資金調達に係る費用収益は，事業損益に含めないこととする。」（指針18）としています。上記準則の運営費補助金収益，患者外給食収益，患者外給食用材料費，診療費減免額等は，基準に従って作成される損益計算書では事業収益・費用の区分に計上することになります。

2．消費税の会計処理

　ガイドライン4-4について，

　　消費税の会計処理を病院会計準則と異なる方法で行っている場合には，その旨，会計処理方法及び病院会計準則に定める方法によった場合と比較した影響額を，「比較のための情報」として記載する。この場合の影響額とは，医業収益及び医業費用の各区分別に含まれている消費税相当額，控除対象外消費税額等（資産に係るものとその他に区分する）と，その結果としての損益計算書の医業利益，経常利益及び税引前当期純利益に与える影響額とする。

とされており，検討報告書では，

②消費税の会計処理（ガイドライン4-4）

　本基準においては，消費税の会計処理方法について特に定めはなく，税抜方式・税込方式の選択適用が認められている。病院会計準則では，税抜方式に統一しているため，税込方式を採用する場合には，病院単位の財務諸表において，その影響額を算出して注記することで対応する。

としています。

　消費税の会計処理には税抜処理方式と税込処理方式があり，民間事業会社の多くが税抜処理方式を採用しています。病院会計準則では，「病院施設を有する開設主体すべてに適用することにより，異なる開設主体間の経営比較を可能とし，経営管理に資する有用な会計情報を提供することがある。そのため，この比較可能性を重視する立場から会計処理自由の原則に一部制限を加えている。消費税の会計処理もこれに該当することになり，病院会計準則ではすべての開設主体に対し税抜処理を一律に適用することとしている。」（研究報告第12号　5.）としており，税抜処理を採っています。

　一方の会計基準では，消費税に関する処理方法について特段に定めてはいません。そこで，開設主体が税込方式を採用する場合には，病院の財務諸表に「その旨，会計処理方法及び病院会計準則に定める方法によった場合と比較した影響額を，「比較のための情報」として記載する。」としており，「この場合の影響額とは，医業収益及び医業費用の各区分別に含まれる消費税相当額，控除対象外消費税額等（資産に係るものとその他に区分する）と，その結果としての損益計算書の医業利益，経常利益及び税引前当期純利益に与える影響額とする。」を記載することになります。開設主体ごとに課税計算される消費税額の病院ごとへの配布計算は既述のとおり

ですが，もし税込方式を採用しますと結構厄介になります。

3. 補助金の会計処理

ガイドライン 3-5 では，

> 補助金の会計処理について，病院会計準則と異なる会計処理を行っている場合には，その旨，採用した会計処理方法，病院会計準則に定める方法によった場合と比較した影響額を「比較のための情報」として記載する。

とされており，検討報告書では，

> ③補助金の会計処理（ガイドライン 3-5）
> 　本基準では，施設設備に係る補助金につき圧縮記帳をすることとしている。これに対して病院会計準則では，負債に計上したうえで，減価償却に応じて医業外収益に計上することとされている。この結果，病院単位の財務諸表の各区分に病院会計準則との相違が生ずるのでこの影響について注記することで対応する。

となっています。

　施設設備の取得に係る補助金の会計処理は，病院会計準則と会計基準とでは異なっています。病院会計準則では補助金額を負債に計上した上で，当該資産の減価償却に応じて負債を取り崩して医業外収益に計上する処理を求めています。一方会計基準では，「固定資産の取得に係る補助金等については，直接減額方式又は積立金経理により圧縮記帳する。」（検討報告書で規定している基準＜注 8＞）としています。会計基準に従って補助金の会計処理をしている場合には，「その旨，採用した会計処理方法，病院会計準則に定める方法によった場合と比較した影響額を「比較のための情

報」として記載する。」としています。

　圧縮記帳という会計処理方法は，会計と税務を調整する計算方法として考え出されたのです。会計的に考えてみますと，固定資産の取得のために補助金を受け取っても，資本的支出に充てるため利益にはならないと考えるのですが，税務的には出資行為ではないので課税所得を構成することになるのです。受け取った補助金額で固定資産を購入した際に，補助金収益と同額の資産価額の圧縮損を計上することで損益を均衡させて，当該年度の課税所得が生じないようにするのです。しかしその後の固定資産の減価償却費は圧縮後の帳簿価額を前提に計算しますので，本来の償却費より少なくなります。つまりこの圧縮記帳は，税務上で考えると課税の繰延効果をもたらすものなのです。では，病院会計準則に定めているように圧縮記帳によらない場合ですが，補助金額を負債に計上し，当該固定資産の減価償却に合わせて負債を取り崩す方法ですと，取り崩した負債が収益に計上されますから，結果として税務上の課税所得は変わらないことになります。ただ，この会計処理の違いは財務諸表への計上金額が異なることになりますから，結構煩わしいことになります。

　なお，圧縮記帳に関しては **9-4** を参照してください。

4. 退職給付債務等の会計処理（ガイドライン 3-9）

　ガイドライン 3-9 では，

　　退職給付債務に関する会計処理を病院会計準則と異なる方法で行っている場合には，その旨，採用した引当金の計上基準，病院会計準則に定める方法によった場合と比較した影響額を「比較のための情報」として記載する。

　　病院の従事者に係る退職給付債務のうち，当該病院外で負担するた

め，病院の財務諸表には計上されないものが存在する場合には，その旨及び概要を「比較のための情報」に記載する。

とされており，検討報告書では，

④退職給付債務等の会計処理

　本基準では，適用時差異についても初年度一括費用処理ではなく，一定年数での分割費用計上を認めている。この結果，病院単位の財務諸表で，このような処理を行う場合には，各段階利益と貸借対照表の各区分に病院会計準則との相違が生ずるのでこの影響について注記することで対応する。

　退職給付債務に関して病院会計準則では，「将来の退職給付の総額のうち，貸借対照表日までに発生していると認められる額を算定し，貸借対象表価額とする。」（準則第27　4）としており，「貸借対照表日までに発生していると認められる額は，退職給付見込額について全勤務期間で除した額を各期の発生額とする方法その他従業員の勤務の対価を合理的に反映する方法を用いて計算しなければならない。」（準則＜注14＞）としています。各期が負担すべき退職給付債務を計算して，期末時点での合理的な債務額を貸借対照表に計上することを求めています。

　基準では，「退職給付に係る会計基準」に準拠するとして，次の実務上の取扱いを許容しています。「本会計基準適用に伴う新たな会計処理の採用により生じる影響額（適用時差異）は，通常の会計処理とは区分して，本会計基準適用後15年以内の一定の年数又は従業員の平均残存勤務年数のいずれか短い年数にわたり定額法により費用処理することができる。」（検討報告書に規定している基準＜注19＞）としており，当該会計処理の適用初年度に過去の退職給付債務全額を計上することに代えて，一定期間

繰延計上することを許容しています。これは企業会計でも許容されている処理方法であり，従来の自己都合による期末時退職金の要支給額を計上してきた退職給与引当金から，この退職給付引手金に変更した際の一時的な負担を数期間に亘って繰り延べる措置であり，実務的な対応になります。

　この会計基準と病院会計準則との違いに対して，「退職給付債務に関する会計処理を病院会計準則と異なる方法で行っている場合には，その旨，採用した引当金の計上基準，病院会計準則に定める方法によった場合と比較した影響額を「比較のための情報」として記載する。」（ガイドライン3-9）としています。

5.　リース資産の会計処理（ガイドライン3-10）

　ガイドライン3-10では，

> 　リース資産に関する会計処理を病院会計準則と異なる方法で行っている場合には，その旨，会計処理方法，病院会計準則に定める方法によった場合と比較した影響額を「比較のための情報」として記載する。

とされており，検討報告書では，

> 　本基準では，ファイナンス・リースについても賃貸借処理をすることが認められているものがある。この結果，病院単位の財務諸表で，このような処理を行う場合には，各段階利益と貸借対照表の各区分に病院会計準則との相違が生ずるのでこの影響について注記することで対応する。

　リース取引については，病院会計準則で「リース取引はファイナンス・リース取引とオペレーティング・リース取引に区分し，ファイナンス・リース取引については，通常の売買取引に係る方法に準じて会計処理を行

う。」（準則＜注 12＞）としています。

会計基準では，病院会計準則で定めている方法を原則としながら，「以下の場合には，賃貸借処理を行うことができる。」として，

> ① リース取引開始日が，本会計基準の適用前の会計年度である，所有権移転外ファイナンス・リース取引
> ② リース取引開始日が，前々会計年度末日の負債総額が 200 億円未満である会計年度である，所有権移転外ファイナンス・リース取引
> ③ 一契約におけるリース料総額が 300 万円未満の，所有権移転外ファイナンス・リース取引 （運用指針 9）

とし，原則的な処理方法である売買取引に準じた方法ではなく，賃貸借取引としての会計処理を許容しています。

このように，「リース資産に関する会計処理を病院会計準則と異なる方法で行っている場合には，その旨，会計処理方法，病院会計準則に定める方法によった場合と比較した影響額を「比較のための情報」として記載する。」（ガイドライン 3-10）としています。

6. 特別償却と税効果会計

検討報告書で特別償却と税効果会計について，次のように説明しています。

> 本基準では，一次差異に重要性がない場合には，税効果会計を適用しないことができることとされている。また，特別償却についても，その金額に重要性がない場合には，正規の減価償却に含めて計上することができる。病院会計準則では，このような重要性に係る具体的な規定はないが，重要性についてはあくまでも例示であることから病院

単位の財務諸表でこのような処理をした場合であっても特段の注記は必要ないと考えられる。

特別償却とは租税政策上の特段の手当であり，法定耐用年数による場合よりも早期の減価償却を税務上認容することで課税の繰延べをするもので，税額の減免を意図するものではありません。その結果，当該固定資産の耐用年数の経過に伴って損金に算入される減価償却費が減少し，課税所得及び納税額が増加することになりますので，特別償却をした時点では将来支払わなければならない税負担額を繰延税金負債に計上する税効果会計が適用されます。

病院会計準則と会計基準の対応としては，重要性に着目して，一時差異に重要性がない場合には，税効果会計を適用しないことができることとされている。併せて，特別償却についても，その金額に重要性がない場合には，正規の減価償却に含めて計上することができるとしています。

医療法人会計基準

平成 28 年 4 月

厚生労働省医政局

第1章　総　　則

（医療法人会計の基準）

第1条　医療法（昭和23年法律第205号。以下「法」という。）第51条第2項に規定する医療法人（以下「医療法人」という。）は、この省令で定めるところにより、貸借対照表及び損益計算書（以下「貸借対照表等」という。）を作成しなければならない。ただし、他の法令に規定がある場合は、この限りでない。

（会計の原則）

第2条　医療法人は、次に掲げる原則によって、会計処理を行い、貸借対照表等を作成しなければならない。

一　財政状態及び損益の状況について真実な内容を明瞭に表示すること。

二　全ての取引について、正規の簿記の原則によって、正確な会計帳簿を作成すること。

三　採用する会計処理の原則及び手続並びに貸借対照表等の表示方法については、毎会計年度継続して適用し、みだりにこれを変更しないこと。

四　重要性の乏しいものについては、貸借対照表等を作成するために採用している会計処理の原則及び手続並びに表示方法の適用に際して、本来の厳密な方法によらず、他の簡便な方法によることができること。

（重要な会計方針の記載）

第3条　貸借対照表等を作成するために採用している会計処理の原則及び手続並びに表示方法その他貸借対照表等を作成するための基本となる事項（次条において「会計方針」という。）で次に掲げる事項は、損益計算書の次に記載しなければならない。ただし、重要性の乏しいものについては、記載を省略することができる。

一　資産の評価基準及び評価方法

二　固定資産の減価償却の方法

三　引当金の計上基準

四　消費税及び地方消費税の会計処理の方法

五　その他貸借対照表等作成のための基本となる重要な事項

（会計方針の変更に関する記載）

第4条　会計方針を変更した場合には、その旨、変更の理由及び当該変更が貸借対照表
　　等に与えている影響の内容を前条の規定による記載の次に記載しなければならない。

（総額表示）

第5条　貸借対照表における資産、負債及び純資産並びに損益計算書における収益及び
　　費用は、原則として総額をもって表示しなければならない。

（金額の表示の単位）

第6条　貸借対照表等に係る事項の金額は、千円単位をもって表示するものとする。

第2章　貸借対照表

（貸借対照表の表示）

第7条　貸借対照表は、会計年度の末日における全ての資産、負債及び純資産の状況を
　　明瞭に表示しなければならない。

2　貸借対照表は、様式第一号により記載するものとする。

（貸借対照表の区分）

第8条　貸借対照表は、資産の部、負債の部及び純資産の部に区分し、更に、資産の部
　　を流動資産及び固定資産に、負債の部を流動負債及び固定負債に、純資産の部を出資
　　金、基金、積立金及び評価・換算差額等に区分するものとする。

（資産の評価原則）

第9条　資産については、その取得価額をもって貸借対照表価額としなければならない。
　　ただし、当該資産の取得のために通常要する価額と比較して著しく低い価額で取得し
　　た資産又は受贈その他の方法によって取得した資産については、取得時における当該
　　資産の取得のために通常要する価額をもって貸借対照表価額とする。

（固定資産の評価）

第10条　固定資産（有形固定資産及び無形固定資産に限る。）については、次項及び第

３項の場合を除き、その取得価額から減価償却累計額を控除した価額をもって貸借対照表価額とする。

2　固定資産（次条に規定する有価証券及び第12条第1項に規定する金銭債権を除く。）については、資産の時価が著しく低くなった場合には、回復の見込みがあると認められるときを除き、時価をもって貸借対照表価額とする。

3　第1項の固定資産については、使用価値が時価を超える場合には、前２項の規定にかかわらず、その取得価額から減価償却累計額を控除した価額を超えない限りにおいて使用価値をもって貸借対照表価額とすることができる。

（有価証券の評価）

第11条　市場価格のある有価証券（満期まで所有する意図をもって保有する債券（満期まで所有する意図をもって取得したものに限る。）を除く。）については、時価をもって貸借対照表価額とする。

（金銭債権の評価）

第12条　未収金及び貸付金その他の金銭債権については、徴収不能のおそれがある場合には、貸倒引当金として当該徴収不能の見込額を控除するものとする。

2　前項の場合にあっては、取得価額から貸倒引当金を控除した金額を貸借対照表価額とする。

（出資金）

第13条　出資金には、持分の定めのある医療法人に社員その他法人の出資者が出資した金額を計上するものとする。

（基　金）

第14条　基金には、医療法施行規則（昭和23年厚生省令第50号）第30条の37の規定に基づく基金（同令第30条の38の規定に基づき返還された金額を除く。）の金額を計上するものとする。

（積立金）

第15条　積立金には、当該会計年度以前の損益を積み立てた純資産の金額を計上する

ものとする。

2　積立金は、設立等積立金、代替基金及び繰越利益積立金その他積立金の性質を示す適当な名称を付した科目をもって計上しなければならない。

（評価・換算差額等）

第16条　評価・換算差額等は、次に掲げる項目の区分に従い、当該項目を示す名称を付した科目をもって掲記しなければならない。

一　その他有価証券評価差額金（純資産の部に計上されるその他有価証券の評価差額をいう。）

二　繰延ヘッジ損益（ヘッジ対象に係る損益が認識されるまで繰り延べられるヘッジ手段に係る損益又は時価評価差額をいう。）

第3章　損益計算書

（損益計算書の表示）

第17条　損益計算書は、当該会計年度に属する全ての収益及び費用の内容を明瞭に表示しなければならない。

2　損益計算書は、様式第二号により記載するものとする。

（損益計算書の区分）

第18条　損益計算書は、事業損益、経常損益及び当期純損益に区分するものとする。

（事業損益）

第19条　事業損益は、本来業務事業損益、附帯業務事業損益及び収益業務事業損益に区分し、本来業務（医療法人が開設する病院、医師若しくは歯科医師が常時勤務する診療所、介護老人保健施設又は介護医療院に係る業務をいう。）、附帯業務（医療法人が行う法第42条各号に掲げる業務をいう。）又は収益業務（法第42条の2第1項に規定する収益業務をいう。以下同じ。）の事業活動（次条において「事業活動」という。）から生ずる収益及び費用を記載して得た各事業損益の額及び各事業損益の合計額を計上するものとする。

（経常損益）

第20条　経常損益は、事業損益に、事業活動以外の原因から生ずる損益であって経常的に発生する金額を加減して計上するものとする。

（当期純損益）

第21条　当期純損益は、経常損益に、特別損益として臨時的に発生する損益を加減して税引前当期純損益を計上し、ここから法人税その他利益に関連する金額を課税標準として課される租税の負担額を控除した金額を計上するものとする。

第4章　補則

（貸借対照表等に関する注記）

第22条　貸借対照表等には、その作成の前提となる事項及び財務状況を明らかにするために次に掲げる事項を注記しなければならない。ただし、重要性の乏しいものについては、注記を省略することができる。

一　継続事業の前提に関する事項

二　資産及び負債のうち、収益業務に関する事項

三　収益業務からの繰入金の状況に関する事項

四　担保に供されている資産に関する事項

五　法第51条第1項に規定する関係事業者に関する事項

六　重要な偶発債務に関する事項

七　重要な後発事象に関する事項

八　その他医療法人の財政状態又は損益の状況を明らかにするために必要な事項

附　則　抄

（施行期日）

第1条　この省令は、医療法の一部を改正する法律（平成27年法律第74号）の施行の日（平成29年4月2日）から施行する。

　　　　附　　則　（平成 30 年 3 月 22 日厚生労働省令第 30 号）　抄

（施行期日）

第 1 条　この省令は、平成 30 年 4 月 1 日から施行する。

　　　　附　　則　（平成 30 年 12 月 13 日厚生労働省令第 143 号）　抄

（施行期日）

第 1 条　この省令は、公布の日から施行する。

　　　　附　　則　（令和元年 5 月 7 日厚生労働省令第 1 号）　抄

（施行期日）

第 1 条　この省令は、公布の日から施行する。

（経過措置）

第 2 条　この省令による改正前のそれぞれの省令で定める様式（次項において「旧様式」
　　という。）により使用されている書類は、この省令による改正後のそれぞれの省令で
　　定める様式によるものとみなす。

2　旧様式による用紙については、合理的に必要と認められる範囲内で、当分の間、こ
　　れを取り繕って使用することができる。

様式第一号（第 7 条関係）（略）

　　　　（平 30 厚労令 143・全改、令元厚労令 1・一部改正）

様式第二号（第 17 条関係）（略）

　　　　（令元厚労令 1・全改）

医療法人会計基準適用上の留意事項並びに
財産目録、純資産変動計算及び附属明細表
の作成方法に関する運用指針

平成 28 年 4 月

厚生労働省医政局

1 本運用指針について

本運用指針は、法第51条第2項の医療法人（※）が、同条第1項の規定により作成する事業報告書等のうち、会計情報である財産目録、貸借対照表、損益計算書、純資産変動計算書及び附属明細表を作成する際の基準、様式等について定めるものである。

※ 法第51条第2項の医療法人とは、以下の通りである。

　① 最終会計年度に係る貸借対照表の負債の部に計上した額の合計額が50億円以上又は最終会計年度に係る損益計算書の収益の部に計上した額の合計額が70億円以上である医療法人

　② 最終会計年度に係る貸借対照表の負債の部に計上した額の合計額が20億円以上又は最終会計年度に係る損益計算書の収益の部に計上した額の合計額が10億円以上である社会医療法人

　③ 社会医療法人債発行法人である社会医療法人

（上記①・②の基準となっている金額については、都道府県知事に届け出た貸借対照表又は損益計算書によって判断することで足りる。）

2 各医療法人における会計処理の方法の決定について

会計基準及び本運用指針は、医療法人で必要とされる会計制度のうち、法人全体に係る部分のみを規定したものである。医療法人は、定款又は寄附行為の規定により様々な施設の設置又は事業を行うことが可能であり、当該施設又は事業によっては会計に係る取扱いが存在することがある。そのため、医療法人の会計を適正に行うためには、各々の医療法人が遵守すべき会計の基準として、当該施設又は事業の会計の基準（明文化されていない部分については、一般に公正妥当と認められる会計の基準を含む。）を考慮した総合的な解釈の結果として、各々の医療法人において、経理規程を作成する等により、具体的な処理方法を決定しなければならない。

3 重要な会計方針に記載する事項について

会計基準第3条第5号に規定の「その他貸借対照表等を作成するための基本となる重要な事項」の例は、補助金等の会計処理方法、企業会計で導入されている会計処理等の

229

基準を適用する場合の当該基準である。

4　収益業務の会計について

　法第42条の2第3項において、「収益業務に係る会計は、本来業務及び附帯業務に関する会計から区分し、特別の会計として経理しなければならない」とされている。したがって、貸借対照表及び損益計算書（以下「貸借対照表等」という。）は、収益業務に係る部分を包含しているが、内部管理上の区分においては、収益業務に固有の部分について別個の貸借対照表等を作成することとする。なお、当該収益業務会計の貸借対照表等で把握した金額に基づいて、収益業務会計から一般会計への繰入金の状況（一般会計への繰入金と一般会計からの元入金の累計額である繰入純額の前期末残高、当期末残高、当期繰入金額又は元入金額）並びに資産及び負債のうち収益業務に係るものの注記をすることとする。

5　貸借対照表等の様式について

　貸借対照表は会計基準第7条第2項で定める様式第一号により、損益計算書は会計基準第17条第2項で定める様式第二号によることとする。

6　基本財産の取扱いについて

　定款又は寄附行為において基本財産の規定を置いている場合であっても、貸借対照表及び財産目録には、基本財産としての表示区分は設ける必要はないが、当該基本財産の前会計年度末残高、当該会計年度の増加額、当該会計年度の減少額及び当該会計年度末残高について、貸借対照表の科目別に会計基準第22条第8号の事項として注記するものとする。

7　棚卸資産の評価方法等について

　棚卸資産の評価基準及び評価方法については重要な会計方針に該当し、棚卸資産の評価方法は、先入先出法、移動平均法、総平均法の中から選択適用することを原則とする

が、最終仕入原価法も期間損益の計算上著しい弊害がない場合には用いることができる。また、時価がその取得価額よりも低くなった場合には、時価をもって貸借対照表価額とする。なお、棚卸資産のうち、重要性の乏しいものについては、重要性の原則の適用により、その買入時又は払出時に費用として処理する方法を採用することができる。

8　減価償却の方法等について

　固定資産の減価償却方法は、重要な会計方針に係る事項に該当するため、減価償却方法を、たとえば定率法から定額法へ変更した場合には、重要な会計方針の変更に該当することとなるが、固定資産の償却年数又は残存価額の変更については、重要な会計方針の変更には該当しない。しかし、この変更に重要性がある場合には、その影響額を会計基準第22条第8号の事項として注記するものとする。

　また、租税特別措置による特別償却額のうち一時償却は、重要性が乏しい場合には、重要性の原則の適用により、正規の減価償却とすることができる。

9　リース取引の会計処理について

　ファイナンス・リース取引については、通常の売買取引に係る方法に準じて会計処理を行うことを原則とするが、以下の場合には、賃貸借処理を行うことができる。

①　リース取引開始日が、本会計基準の適用前の会計年度である、所有権移転外ファイナンス・リース取引

②　リース取引開始日が、前々会計年度末日の負債総額が200億円未満である会計年度である、所有権移転外ファイナンス・リース取引

③　一契約におけるリース料総額が300万円未満の、所有権移転外ファイナンス・リース取引

　なお、賃貸借処理をしたファイナンス・リース取引がある場合には、貸借対照表科目に準じた資産の種類ごとのリース料総額及び未経過リース料の当期末残高を、会計基準第22条第8号の事項として注記するものとする。

231

10　経過勘定項目について

　前払費用、未収収益、未払費用及び前受収益のうち、重要性の乏しいものについては、重要性の原則の適用により、経過勘定項目として処理しないことができる。

11　有価証券等の評価について

　有価証券の評価基準及び評価方法については重要な会計方針に該当し、満期まで所有する意図をもって保有する社債その他の債券は償却原価法によることとなるが、取得価額と債券金額との差額について重要性が乏しい満期保有目的の債券については、重要性の原則の適用により、償却原価法を採用しないことができる。

　なお、満期保有目的の債券に重要性がある場合には、その内訳並びに帳簿価額、時価及び評価損益を会計基準第 22 条第 8 号の事項として注記するものとする。

12　引当金の取扱いについて

　引当金は、将来の特定の費用又は損失であって、その発生が当期以前の事象に起因し、発生の可能性が高く、かつ、その金額を合理的に見積もることができる場合に計上するものである。その計上基準は、重要な会計方針として記載することとなるが、引当金のうち重要性の乏しいものについては、重要性の原則の適用により、これを計上しないことができる。

　未収金、貸付金等の金銭債権のうち徴収不能と認められる額がある場合には、その金額を合理的に見積もって、貸倒引当金を計上するものとする。ただし、前々会計年度末の負債総額が 200 億円未満の医療法人においては、法人税法（昭和 40 年法律第 34 号）における貸倒引当金の繰入限度相当額が取立不能見込額を明らかに下回っている場合を除き、その繰入限度額相当額を貸倒引当金に計上することができる。

　なお、貸借対照表の表記において、債権について貸倒引当金を直接控除した残額のみを記載した場合には、当該債権の債権金額、貸倒引当金及び当該債権の当期末残高を、会計基準第 22 条第 8 号の事項として注記するものとする。

　退職給付引当金は、退職給付に係る見積債務額から年金資産額等を控除したものを計上するものとする。当該計算は、退職給付に係る会計基準（平成 10 年 6 月 16 日企業会

計審議会）に基づいて行うものであり、下記事項を除き、企業会計における実務上の取扱いと同様とする。

① 本会計基準適用に伴う新たな会計処理の採用により生じる影響額（適用時差異）は、通常の会計処理とは区分して、本会計基準適用後15年以内の一定の年数又は従業員の平均残存勤務年数のいずれか短い年数にわたり定額法により費用処理することができる。

② 前々会計年度末日の負債総額が200億円未満の医療法人においては、簡便法を適用することができる。

なお、適用時差異の未処理残高及び原則法を適用した場合の退職給付引当金の計算の前提とした退職給付債務等の内容は、会計基準第22条第8号の事項として注記するものとする。

13 出資金の取扱いについて

出資金には、社員等が実際に払込みをした金額を貸借対照表の純資産の部に直接計上し、退社による払戻しが行われた場合には、当該社員の払込金額を直接減額することとする。

14 積立金の区分について

積立金は、各会計年度の当期純利益又は当期純損失の累計額から当該累計額の直接減少額を差し引いたものとなるが、その性格により以下のとおり区分する。

① 医療法人の設立等に係る資産の受贈益の金額及び持分の定めのある医療法人が持分の定めのない医療法人へ移行した場合の移行時の出資金の金額と繰越利益積立金等の金額の合計額を計上した設立等積立金

② 基金の拠出者への返還に伴い、返還額と同額を計上した代替基金

③ 固定資産圧縮積立金、特別償却準備金のように法人税法等の規定による積立金経理により計上するもの

④ 将来の特定目的の支出に備えるため、理事会の議決に基づき計上するもの（以下「特定目的積立金」という。）

なお、特定目的積立金を計上する場合には、特定目的積立金とする金額について、

当該特定目的を付した特定資産として、通常の資産とは明確に区別しなければならない。

⑤　上記各積立金以外の繰越利益積立金

なお、持分の払戻により減少した純資産額と当該時点の対応する出資金と繰越利益積立金との合計額との差額は、持分払戻差額積立金とする。この場合、マイナスの積立金となる場合には、控除項目と同様の表記をする。

15　税効果会計の適用について

税効果会計は、原則的に適用することとするが、一時差異等の金額に重要性がない場合には、重要性の原則の適用により、繰延税金資産又は繰延税金負債を計上しないことができる。

なお、繰延税金資産及び繰延税金負債に重要性がある場合には、主な発生原因別内訳を会計基準第22条第8号の事項として注記するものとする。

16　事業損益の区分について

事業損益は、病院、診療所又は介護老人保健施設に係る本来業務事業損益、法第42条各号に基づいて定款又は寄附行為の規定により実施している附帯業務に係る附帯業務事業損益又は法第42条の2第1項に基づいて定款又は寄附行為の規定により実施している収益業務に係る収益業務事業損益に区分して損益計算書に記載することとするが、附帯業務又は収益業務を実施していない場合には、損益計算書の当該区分は省略することとする。

17　本部費の取扱いについて

本来業務事業損益の区分の本部費としては、法人本部を独立した会計としている場合の本部の費用（資金調達に係る費用等事業外費用に属するものは除く。）は、本来業務事業損益、附帯業務事業損益又は収益業務事業損益に分けることなく、本来業務事業損益の区分に計上するものとする。なお、独立した会計としていない場合は区分する必要はない。

18　事業損益と事業外損益の区分について

　損益計算書において、事業損益は、本来業務、附帯業務又は収益業務に区別し、事業外損益は、一括して表示する。事業損益を区別する意義は、法令で求められている附帯業務及び収益業務の運営が本来業務の支障となっていないかどうかの判断の一助とすることにある。したがって、施設等の会計基準では事業外損益とされている帰属が明確な付随的な収益又は費用についても、この損益計算書上は、事業収益又は事業費用に計上するものとする。ただし、資金調達に係る費用収益は、事業損益に含めないこととする。

19　補助金等の会計処理について

　医療法人が国又は地方公共団体等から補助金等を受け入れた場合の会計処理は以下のとおりとする。
①　固定資産の取得に係る補助金等については、直接減額方式又は積立金経理により圧縮記帳する。
②　運営費補助金のように補助対象となる支出が事業費に計上されるものについては、当該補助対象の費用と対応させるため、事業収益に計上する。
　なお、補助金等の会計処理方法は、会計基準第3条第5号の事項として注記するものとし、補助金等に重要性がある場合には、補助金等の内訳、交付者及び貸借対照表等への影響額を会計基準第22条第8号の事項として注記するものとする。

20　継続事業の前提に関する注記について

　継続事業の前提に関する注記は、当該医療法人の会計年度の末日において、財務指標の悪化の傾向、重要な債務の不履行等財政破綻の可能性その他将来にわたって事業を継続することの前提に重要な疑義を抱かせる事象又は状況が存在する場合におけるその内容を記載する。

21　重要な偶発債務に関する注記について

　重要な偶発債務に関する注記は、債務の保証（債務の保証と同様の効果を有するもの

を含む。）、重要な係争事件に係る賠償義務その他現実に発生していない事象で、将来において事業の負担となる可能性のあるものが発生した場合にその内容を記載する。

22　重要な後発事象に関する注記について

重要な後発事象に関する注記は、当該医療法人の会計年度の末日後、当該医療法人の翌会計年度以降の財政状態又は損益の状況に重要な影響を及ぼす事象が発生した場合にその内容を記載する。

23　関係事業者に関する注記について

法第51条第1項に定める関係事業者との取引（※）について、次に掲げる事項を関係事業者ごとに注記しなければならない。
① 　当該関係事業者が法人の場合には、その名称、所在地、直近の会計期末における総資産額及び事業の内容
② 　当該関係事業者が個人の場合には、その氏名及び職業
③ 　当該医療法人と関係事業者との関係
④ 　取引の内容
⑤ 　取引の種類別の取引金額
⑥ 　取引条件及び取引条件の決定方針
⑦ 　取引により発生した債権債務に係る主な科目別の期末残高
⑧ 　取引条件の変更があった場合には、その旨、変更の内容及び当該変更が計算書類に与えている影響の内容
ただし、関係事業者との間の取引のうち、次に定める取引については、上記の注記を要しない。
イ 　一般競争入札による取引並びに預金利息及び配当金の受取りその他取引の性格からみて取引条件が一般の取引と同様であることが明白な取引
ロ 　役員に対する報酬、賞与及び退職慰労金の支払い

※ 　法第51条第1項に定める関係事業者とは、当該医療法人と②に掲げる取引を行う場合における①に掲げる者をいうこと。

① ②に掲げる取引を行う者

　イ　当該医療法人の役員又はその近親者（配偶者又は二親等内の親族）

　ロ　当該医療法人の役員又はその近親者が代表者である法人

　ハ　当該医療法人の役員又はその近親者が、株主総会、社員総会、評議員会、取締役会、理事会の議決権の過半数を占めている法人

　ニ　他の法人の役員が、当該医療法人の社員総会、評議員会、理事会の議決権の過半数を占めている場合の他の法人

　ホ　ハの法人の役員が、他の法人（当該医療法人を除く。）の株主総会、社員総会、評議員会、取締役会、理事会の議決権の過半数を占めている場合の他の法人

② 当該医療法人と行う取引

　イ　事業収益又は事業費用の額が、1千万円以上であり、かつ当該医療法人の当該会計年度における事業収益の総額（本来業務事業収益、附帯業務事業収益及び収益業務事業収益の総額）又は事業費用の総額（本来業務事業費用、附帯業務事業費用及び収益業務事業費用の総額）の10パーセント以上を占める取引

　ロ　事業外収益又は事業外費用の額が、1千万円以上であり、かつ当該医療法人の当該会計年度における事業外収益又は事業外費用の総額の10パーセント以上を占める取引

　ハ　特別利益又は特別損失の額が、1千万円以上である取引

　ニ　資産又は負債の総額が、当該医療法人の当該会計年度の末日における総資産の1パーセント以上を占め、かつ1千万円を超える残高になる取引

　ホ　資金貸借、有形固定資産及び有価証券の売買その他の取引の総額が、1千万円以上であり、かつ当該医療法人の当該会計年度の末日における総資産の1パーセント以上を占める取引

　ヘ　事業の譲受又は譲渡の場合にあっては、資産又は負債の総額のいずれか大きい額が、1千万円以上であり、かつ当該医療法人の当該会計年度の末日における総資産の1パーセント以上を占める取引

24　貸借対照表等注記事項について

　会計基準第22条第8号に規定の「その他医療法人の財務状態又は損益の状況を明らかにするために必要な事項」の例は、以下のようなものがある。

① 固定資産の償却年数又は残存価額の変更に重要性がある場合の影響額
② 満期保有目的の債券に重要性がある場合の内訳並びに帳簿価額、時価及び評価損益
③ 原則法を適用した場合の、退職給付引当金の計算の前提とした退職給付債務等の内容
④ 繰延税金資産及び繰延税金負債に重要性がある場合の主な発生原因別内訳
⑤ 補助金等に重要性がある場合の内訳、交付者及び貸借対照表等への影響額

25 財産目録について

　財産目録は、当該会計年度末現在におけるすべての資産及び負債につき、価額及び必要な情報を表示するものとする。

　財産目録は、貸借対照表の区分に準じ、資産の部と負債の部に分かち、更に資産の部を流動資産及び固定資産に区分して、純資産の額を表示するものとする。

　財産目録の価額は、貸借対照表記載の価額と同一とする。

　財産目録の様式は、社会医療法人債を発行する社会医療法人の財務諸表の用語、様式及び作成方法に関する規則（平成 19 年厚生労働省令第 38 号。以下「社財規」という。）が適用になる法人を除き、様式第三号によることとする。

26 純資産変動計算書について

　純資産変動計算書は、純資産の部の科目別に前期末残高、当期変動額及び当期末残高を記載する。なお、当期変動額は、当期純利益、拠出額、返還又は払戻額、振替額等原因別に表記する。

　純資産変動計算書の様式は、社財規が適用になる法人を除き、様式第四号によることとする。

27 附属明細表について

　附属明細表の種類は、次に掲げるものとする。
① 有形固定資産等明細表

② 引当金明細表

③ 借入金等明細表

④ 有価証券明細表

⑤ 事業費用明細表

事業費用明細表は、以下のいずれかの内容とする。

イ　中区分科目別に、損益計算書における費用区分に対応した本来業務事業費用（本部を独立した会計としている場合には、事業費と本部費に細分する。）、附帯業務事業費用及び収益業務事業費用の金額を表記する。この場合に、中区分科目の細区分として形態別分類を主として適宜分類した費目を合わせて記載することができる。

ロ　損益計算書における事業費用の本来業務、附帯業務及び収益業務の区分記載に関わらず、形態別分類を主として適宜分類した費目別に法人全体の金額を表記する。

　　この場合に、各費目を中区分科目に括って合わせて記載することができる。

なお、中区分科目は、売上原価（当該医療法人の開設する病院等の業務に附随して行われる売店等及び収益業務のうち商品の仕入れ又は製品の製造を伴う業務にかかるもの）、材料費、給与費、委託費、経費及びその他の費用とする。

附属明細表の様式は、社財規が適用になる法人を除き、様式第五号～様式第九の二号によることとする。

239

法人名 _____ ※医療法人整理番号 □ □ □ □ □

所在地 _____

貸 借 対 照 表
（平成　年　月　日現在）

（単位：千円）

資 産 の 部			負 債 の 部		
科　目	金　額		科　目	金　額	
Ⅰ 流 動 資 産		×××	Ⅰ 流 動 負 債		×××
現 金 及 び 預 金		×××	支 払 手 形		×××
事 業 未 収 金		×××	買 掛 金		×××
有 価 証 券		×××	短 期 借 入 金		×××
た な 卸 資 産		×××	未 払 金		×××
前 渡 金		×××	未 払 費 用		×××
前 払 費 用		×××	未 払 法 人 税 等		×××
繰 延 税 金 資 産		×××	未 払 消 費 税 等		×××
その他の流動資産		×××	繰 延 税 金 負 債		×××
Ⅱ 固 定 資 産		×××	前 受 金		×××
1 有 形 固 定 資 産		×××	預 り 金		×××
建 物		×××	前 受 収 益		×××
構 築 物		×××	○ ○ 引 当 金		×××
医 療 用 器 械 備 品		×××	その他の流動負債		×××
その他の器械備品		×××	Ⅱ 固 定 負 債		×××
車 両 及 び 船 舶		×××	医 療 機 関 債		×××
土 地		×××	長 期 借 入 金		×××
建 設 仮 勘 定		×××	繰 延 税 金 負 債		×××
その他の有形固定資産		×××	○ ○ 引 当 金		×××
2 無 形 固 定 資 産		×××	その他の固定負債		×××
借 地 権		×××	負 債 合 計		×××
ソ フ ト ウ ェ ア		×××	純 資 産 の 部		
その他の無形固定資産		×××	科　目	金　額	
3 そ の 他 の 資 産		×××	Ⅰ 基 金		×××
有 価 証 券		×××	Ⅱ 積 立 金		×××
長 期 貸 付 金		×××	代 替 基 金		×××
保有医療機関債		×××	○ ○ 積 立 金		×××
その他長期貸付金		×××	繰越利益積立金		×××
役職員等長期貸付金		×××	Ⅲ 評 価・換 算 差 額 等		×××
長 期 前 払 費 用		×××	その他有価証券評価差額金		×××
繰 延 税 金 資 産		×××	繰延ヘッジ損益		×××
その他の固定資産		×××			
			純 資 産 合 計		×××
資 産 合 計		×××	負債・純資産合計		×××

（注）　1．表中の科目について、不要な科目は削除しても差し支えないこと。また、別に表示することが適当で
　　　　　あると認められるものについては、当該資産、負債及び純資産を示す名称を付した科目をもって、別に
　　　　　掲記することを妨げないこと。
　　　　2．社会医療法人及び特定医療法人については、純資産の部の基金の科目を削除すること。
　　　　3．経過措置医療法人は、純資産の部の基金の科目の代わりに出資金とするとともに、代替基金の科目を
　　　　　削除すること。

法人名 _____　　※医療法人整理番号 ☐☐☐☐☐
所在地 _____

損 益 計 算 書
（自 平成　　年　　月　　日 至 平成　　年　　月　　日）

（単位：千円）

科　　　　　　　　　目	金	額
Ⅰ　事 業 損 益		
A　本来業務事業損益		
1　事 業 収 益		×××
2　事 業 費 用		
（1）事 業 費	×××	
（2）本 部 費	×××	×××
本 来 業 務 事 業 利 益		×××
B　附帯業務事業損益		
1　事 業 収 益		×××
2　事 業 費 用		×××
附 帯 業 務 事 業 利 益		×××
C　収益業務事業損益		
1　事 業 収 益		×××
2　事 業 費 用		×××
収 益 業 務 事 業 利 益		×××
事 業 利 益		×××
Ⅱ　事 業 外 収 益		
受 取 利 息	×××	
その他の事業外収益	×××	×××
Ⅲ　事 業 外 費 用		
支 払 利 息	×××	
その他の事業外費用	×××	×××
経 常 利 益		×××
Ⅳ　特 別 利 益		
固 定 資 産 売 却 益	×××	
その他の特別利益	×××	×××
Ⅴ　特 別 損 失		
固 定 資 産 売 却 損	×××	
その他の特別損失	×××	×××
税 引 前 当 期 純 利 益		×××
法 人 税・住 民 税 及 び 事 業 税	×××	
法 人 税 等 調 整 額	×××	×××
当 期 純 利 益		×××

（注）　1．利益がマイナスとなる場合には、「利益」を「損失」と表示すること。
　　　　2．表中の科目について、不要な科目は削除しても差し支えないこと。また、別に表示することが適当で
　　　　　あると認められるものについては、当該事業損益、事業外収益、事業外費用、特別利益及び特別損失を
　　　　　を示す名称を付した科目をもって、別に掲記することを妨げないこと。

医療法人会計基準適用上の留意事項並びに
財産目録、純資産変動計算書及び附属明
細表の作成方法に関する運用指針
付

重要な会計方針等の記載及び貸借対照表等に関する注記

1　継続事業の前提に関する事項

2　資産の評価基準及び評価方法

3　固定資産の減価償却の方法

4　引当金の計上基準

5　消費税及び地方消費税の会計処理の方法

6　その他貸借対照表等作成のための基本となる重要な事項

7　重要な会計方針を変更した旨等

8　資産及び負債のうち収益業務に関する事項・収益業務からの繰入金の状況に関する事項

9　担保に供されている資産に関する事項

10　法第51条第1項に規定する関係事業者に関する事項
（1）法人である関係事業者

種類	名称	所在地	総資産額（千円）	事業内容	関係事業者との関係	取引の内容	取引金額（千円）	科目	期末残高（千円）

取引条件及び取引条件の決定方針等

（2）個人である関係事業者

種類	氏名	職業	関係事業者との関係	取引の内容	取引金額（千円）	科目	期末残高（千円）

取引条件及び取引条件の決定方針等

11　重要な偶発債務に関する事項

12　重要な後発事象に関する事項

13　その他医療法人の財政状態又は損益の状況を明らかにするために必要な事項

（該当する事項がない項目については、項目の掲記を省略することができる。）

様式第三号

法人名 _____   ※医療法人整理番号 □□□□□

所在地 _____

財　産　目　録

（平成　年　月　日現在）

　　　　　　　1.資　　産　　額　　　　　　　×××　千円

　　　　　　　2.負　　債　　額　　　　　　　×××　千円

　　　　　　　3.純　資　産　額　　　　　　　×××　千円

（内　　訳）　　　　　　　　　　　　　　　　　　　　　　（単位：千円）

区　　　　　　　　分	金　　額
A　流　動　資　産	×××
B　固　定　資　産	×××
C　資　産　合　計　　　　　　　　　　（A＋B）	×××
D　負　債　合　計	×××
E　純　資　産　　　　　　　　　　　　（C－D）	×××

（注）財産目録の価額は、貸借対照表の価額と一致すること。

土地及び建物について、該当する欄の□を塗りつぶすこと。 　　　　土　　　　地　（□ 法人所有　□ 賃借　□ 部分的に法人所有（部分的に賃借）） 　　　　建　　　　物　（□ 法人所有　□ 賃借　□ 部分的に法人所有（部分的に賃借））

様式第四号

※医療法人整理番号 ☐☐☐☐

法人名　＿＿＿＿＿＿＿＿
所在地　＿＿＿＿＿＿＿＿

純資産変動計算書

（自　平成　年　月　日　至　平成　年　月　日）

（単位：千円）

	基金（又は出資金）	積立金				評価・換算差額等			純資産合計
		代替基金	○○積立金	繰越利益積立金	積立金合計	その他有価証券評価差額金	繰延ヘッジ損益	評価・換算差額等合計	
平成　年　月　日　残高	×××	×××	×××	×××	×××	×××	×××	×××	×××
会計年度中の変動額									
当期純利益				×××	×××				×××
・・・・・・・・・									
・・・・・・・・・									
会計年度中の変動額合計	×××	×××	×××	×××	×××	×××	×××	×××	×××
平成　年　月　日　残高	×××	×××	×××	×××	×××	×××	×××	×××	×××

1. 純資産の変動事由及び金額の掲載は、概ね貸借対照表における記載の順序によること。
2. 評価・換算差額等は、科目ごとの記載に代えて評価・換算差額等の合計額のみを記載し、評価・換算差額等の内訳を注記することができる。この場合には、科目ごとのそれぞれの金額を注記すること。
3. 積立金及び純資産の各合計欄の記載は省略することができる。

法人名 _____

所在地 _____

※医療法人整理番号 [ ][ ][ ][ ]

有 形 固 定 資 産 等 明 細 表

資産の種類		前期末残高 （千円）	当期増加額 （千円）	当期減少額 （千円）	当期末残高 （千円）	当期末減価償却累計額又は償却累計額 （千円）	当期償却額 （千円）	差　引 当期末残高 （千円）
有形固定資産								
	計							
無形固定資産								
	計							
その他の資産								
	計							

１．有形固定資産、無形固定資産及びその他の資産について、貸借対照表に掲げられている科目の区分により記載すること。

２．「前期末残高」、「当期増加額」、「当期減少額」及び「当期末残高」の欄は、当該資産の取得原価によって記載すること。

３．当期末残高から減価償却累計額又は償却累計額を控除した残高を、「差引当期末残高」の欄に記載すること。

４．合併、贈与、災害による廃棄、滅失等の特殊な事由で増加若しくは減少があった場合又は同一の種類のものについて資産の総額の１％を超える額の増加は、その事由を欄外に記載すること。若しくは減少があった場合（ただし、建設仮勘定の減少のうち各資産科目への振替によるものは除く。）

５．特別の法律の規定により資産の再評価が行われた場合その他特別の事由により取得原価の修正が行われた場合には、当該再評価差額等については、「当期増加額」又は「当期減少額」の欄に内書（括弧書）として記載し、その増減の事由を欄外に記載すること。

６．有形固定資産又は無形固定資産の金額が資産の総額の１％以下である場合又は有形固定資産及び無形固定資産の当該会計年度末における当該会計年度末における有形固定資産又は無形固定資産の総額の５％以下である場合には、有形固定資産又は無形固定資産に係る記載中「前期末残高」、「当期増加額」及び「当期減少額」の欄の記載を省略することができる。なお、記載を省略した場合には、その旨注記すること。

様式第六号

法人名 _____　　　※医療法人整理番号 □□□□□
所在地 _____

引　当　金　明　細　表

区　　　分	前期末残高 （千円）	当期増加額 （千円）	当期減少額 （目的使用） （千円）	当期減少額 （そ の 他） （千円）	当期末残高 （千円）

1．前期末及び当期末貸借対照表に計上されている引当金について、設定目的ごとの科目の区分により記載すること。

2．「当期減少額」の欄のうち「目的使用」の欄には、各引当金の設定目的である支出又は事実の発生があったことによる取崩額を記載すること。

3．「当期減少額」の欄のうち「その他」の欄には、目的使用以外の理由による減少額を記載し、減少の理由を注記すること。

付

医療法人会計基準適用上の留意事項並びに財産目録、純資産変動計算書及び附属明細表の作成方法に関する運用指針

様式第七号

法人名 _____ ※医療法人整理番号 [ ][ ][ ][ ][ ]
所在地 _____

借 入 金 等 明 細 表

区　　　分	前 期 末 残 高 （千円）	当 期 末 残 高 （千円）	平均利率 （％）	返済期限
短期借入金				－
1年以内に返済予定の 長期借入金				－
長期借入金（1年以内に 返済予定のものを除く。）				
その他の有利子負債				
合　　　計			－	－

1．短期借入金、長期借入金（貸借対照表において流動負債として掲げられているものを含む。以下同じ。）
　及び金利の負担を伴うその他の負債（以下「その他の有利子負債」という。）について記載すること。
2．重要な借入金で無利息又は特別の条件による利率が約定されているものがある場合には、その内容を欄外
　に記載すること。
3．「その他の有利子負債」の欄は、その種類ごとにその内容を示したうえで記載すること。
4．「平均利率」の欄には、加重平均利率を記載すること。
5．長期借入金（1年以内に返済予定のものを除く。）及びその他の有利子負債については、貸借対照表日後
　5年内における1年ごとの返済予定額の総額を注記すること。

様式第八号

法人名 _____　　　　※医療法人整理番号　[　][　][　][　][　]
所在地 _____

有　価　証　券　明　細　表

【債券】

銘　　　　　柄	券　面　総　額 （千円）	貸借対照表価額 （千円）
計		

【その他】

種　類　及　び　銘　柄	口　数　等	貸借対照表価額 （千円）
計		

1．貸借対照表の流動資産及びその他の資産に計上されている有価証券について記載すること。
2．流動資産に計上した有価証券とその他の資産に計上した有価証券を区分し、さらに満期保有目的の債券及びその他有価証券に区分して記載すること。
3．銘柄別による有価証券の貸借対照表価額が医療法人の純資産額の１％以下である場合には、当該有価証券に関する記載を省略することができる。
4．「その他」の欄には有価証券の種類（金融商品取引法第２条第１項各号に掲げる種類をいう。）に区分して記載すること。

医療法人会計基準適用上の留意事項並びに財産目録、純資産変動計算書及び附属明細表の作成方法に関する運用指針

様式第九の一号

法人名 _____ ※医療法人整理番号 ☐☐☐☐

所在地 _____

事 業 費 用 明 細 表

（単位：千円）

区　　　分	本 来 業 務 事 業 費 用			附帯業務 事業費用	収益業務 事業費用	合　　　計
	事 業 費	本 部 費	計			
材料費						
給与費						
委託費						
経費						
売上原価						
その他の事業費用						
計						

１．売上原価には、当該医療法人の開設する病院等の業務に附随して行われるもの（売店等）及び収益業務の
　うち商品の仕入れ又は製品の製造を伴う業務について記載すること。

２．中科目区分には、それぞれ細区分を設け、売上原価については、商品（又は製品）期首たな卸高、当期商
　品仕入高（又は当期製品製造原価）、商品（又は製品）期末たな卸高を、材料費、給与費、委託費、経費及
　びその他の費用については、その内訳を示す費目を記載する様式によることもできる。

３．その他の事業費用には、研修費のように材料費、給与費、委託費及び経費の二つ以上の中区分に係る複合
　費として整理した費目を記載する。

様式九の二号

法人名 _____ ※医療法人整理番号 □□□□□
所在地 _____

事 業 費 用 明 細 表
(自 平成 　年 　月 　日 至 平成 　年 　月 　日)

(単位：千円)

科　　　　　　　　目	金	額
Ⅰ　材料費		
： 　　　　：	： ×××	×××
Ⅱ　給与費		
給料	×××	
： 　　　　：	××× ：	
	×××	×××
Ⅲ　委託費		
検査委託費	×××	
： 　　　　：	××× ：	
	×××	×××
Ⅳ　経費		
減価償却費	×××	
： 　　　　：	××× ：	
	×××	×××
Ⅴ　売上原価		
商品（又は製品）期首たな卸高	×××	
当期商品仕入高（又は当期製品製造原価）	×××	
商品（又は製品）期末たな卸高	×××	×××
Ⅵ　その他の事業費用		
研修費	×××	
： 　　　　：	××× ：	
	×××	×××
事 　業 　費 　用 　計		×××

1．売上原価には、当該医療法人の開設する病院等の業務に附随して行われるもの（売店等）及び収益業務の
　うち商品の仕入れ又は製品の製造を伴う業務について記載すること。
2．ⅠからⅥの中科目区分は、省略する様式によることもできる。
3．その他の事業費用には、研修費のように材料費、給与費、委託費及び経費の二つ以上の中区分に係る複合
　費として整理した費目を記載する。

参 考 文 献

● 「Q&A 医療法人会計の実務ガイダンス」 新日本有限責任監査法人編 中央経済社 2017 年

● 「医療法人会計の実務ガイド」 あずさ監査法人編 中央経済社 2016 年

● 「病院会計入門」 増田正志著 税務経理協会 2019 年

● 「学校法人会計入門」 増田正志編著 税務経理協会 2019 年

● 「国立大学法人会計実務入門」 増田正志著 税務経理協会 2014 年

〈著者紹介〉

増田　正志　（ますだ・まさし）

1949年　生まれ
1973年　千葉大学人文学部卒業
2014年　国立大学法人東京農工大学監事
2014年　公益財団法人日本ユネスコ協会連盟監事
2016年　国立研究開発法人国立がん研究センター監事
　同　　国立研究開発法人国立精神・神経医療研究センター監事
　同　　独立行政法人国立美術館監事
公認会計士　（社）日本証券アナリスト協会検定会員

〔主な著書〕
『病院会計入門』，『金融マンの会計と証券の基礎知識』，『国立大学
法人会計実務入門』（税務経理協会）
『学校法人会計実務詳解ハンドブック』（共著，同文舘出版）『中小
企業の経営改善と会計の知識』（同文舘出版）
『商法決算書の見方・読み方』，『建設業の経理実務詳解』，『学校法人
の会計実務詳解』（以上，共著，中央経済社）
『決算書分析 ABC』（銀行研修社）他

著者との契約により検印省略

2020年 4 月20日　初　版発行　　　　医療法人会計入門

著　　者　　増　　田　　正　　志
発　行　者　　大　　坪　　克　　行
印　刷　所　　美研プリンティング株式会社
製　本　所　　鶴　亀　製　本　株　式　会　社

発　行　所　東京都新宿区　株式　税　務　経　理　協　会
　　　　　　下落合2丁目5番13号　会社
郵便番号 161-0033　振替 00190-2-187408　電話 (03) 3953-3301 (編 集 部)
　　　　　　　FAX (03) 3565-3391　　　　(03) 3953-3325 (営 業 部)
URL　http://www.zeikei.co.jp/
乱丁・落丁の場合はお取替えいたします。

ISBN978-4-419-06707-6　C3034